MÄNNLICHKEIT

Die innere Stärke und Größe

AMRATRA

Contents

Einleitung

Männlichkeit – Die innere Stärke und Größe ist ein Buch, das durch Channeling verfasst wurde und darauf abzielt, allen Männern auf der Erde das Wesen der Männlichkeit zu erklären.Männlichkeit im Universum steht für Fortschritt und Entwicklung, Mut und Selbstbehauptung, die Entdeckung neuer Wahrscheinlichkeiten und Möglichkeiten, in denen wir uns weiterentwickeln können.

Wissen ist grenzenlos. Schreite auf dem Weg der Selbsterkenntnis voran, um dich selbst besser zu verstehen.

Mit Liebe, für die Menschheit,

Das Überwachungsteam der Evolution der Erde

Durch

AMRATRA

1. Über die Männlichkeit

Das Wesen der Männlichkeit im Universum kann als Fortschritt und Entwicklung in Richtung von Wachstum und Entfaltung verstanden werden. Die Attribute der männlichen Rolle umfassen: das Erforschen des Unbekannten, das Streben und Durchhalten angesichts von Herausforderungen, das Untersuchen und Entdecken sowie das Ausdrücken von Neugierde und Kühnheit.

Im Universum lässt sich die Männlichkeit mit der Evolution durch Erfahrung vergleichen, mit dem Erkennen neuer Möglichkeiten und unbegangener Wege. Ein Mann zu sein bedeutet, Mut, Kühnheit, Beharrlichkeit, Tapferkeit und die Verantwortung zu übernehmen, andere zu beschützen.

Das Männliche ist das Fundament für die Entwicklung und den Fortschritt des Universums und stellt die ursprüngliche Information dar, die sich in neuen Formen manifestiert. Durch seinen Wunsch, zu entdecken und sich mutig auf unbekannte Pfade zu begeben, benötigt ein männlicher Geist immer ein Ziel. Sobald dieses Ziel gesetzt ist, wird der Mann enthusiastisch und geht mutig seinem Ziel entgegen.

Männlichkeit bedeutet also Stärke und Mut, die Möglichkeiten der Entwicklung und des Fortschritts zu erkennen. Sobald das Ziel klar ist, wird es unschätzbar wertvoll und bedeutend, solange der männliche Geist vorhanden ist. Höher entwickelte männliche Geister wählen große Ziele, was jedoch auch die Verantwortung für die Teams mit sich bringt, die sie auf dem Weg zu den Entdeckungen, die gemacht werden, begleiten.

Männer stimmen untereinander in Bezug auf ihre persönlichen Ziele überein und arbeiten lieber im Team, wenn sie von demselben Ziel angezogen werden. Solange das Ziel existiert, werden sowohl der Anführer als auch das Team ein Konsortium bilden, das in die gleiche Richtung strebt. Männliche Geister arbeiten zusammen, solange sie ein gemeinsames, erhabenes Ziel verfolgen. Wenn mehrere Teams auf dasselbe Ziel hinarbeiten, entsteht ein Wettbewerb um dessen Erreichung, in dem sie sich normalerweise gegenseitig respektieren, solange das Ziel erhaben und edel ist.

Wenn das Ziel jedoch niederträchtig ist, kämpfen die Wettbewerber skrupellos mit allen Mitteln, ohne Rücksicht auf die Konsequenzen, um die Schlacht zu gewinnen. Männer werden wild und unerbittlich, wenn es um ihr Ego und ihre Persönlichkeit geht, denn von Natur aus sind sie stolz und nur selten gibt jemand nach oder zieht sich aus dem Wettbewerb zurück.

Das männliche Ego ist schwer zu handhaben und zu verstehen, da es manchmal in Form eines missverstandenen Stolzes erscheint. Es ist natürlich, dass ein männlicher Geist stolz darauf ist, ein Mann zu sein. Ein Mann zu sein ist an sich ein Segen, etwas Besonderes, was zu wahren Kollisionen von Persönlichkeiten führen kann, wenn zwei weniger entwickelte männliche Geister in Wettbewerb zueinander stehen. Höher entwickelte männliche Geister sind weise und wissen, wann sie nachgeben sollten, doch nachzugeben bedeutet, das Ziel jemand anderem zu überlassen, was schwer zu akzeptieren ist.

Männer sind also von Natur aus stolz und eitel, manchmal sogar übertrieben stolz. In den Gedanken eines Mannes wird der Stolz oft mit dem gewählten Ziel und der Verantwortung, zu beweisen, dass er der Beste ist, verwechselt. Er setzt alle seine Fähigkeiten ein, um das angestrebte Ziel zu erreichen.

2. Die Beziehung zwischen männlichen Geistern

Die männlichen Geister der heutigen Zeit sind bereit, Teams zu bilden, solange sie dasselbe Ziel verfolgen. Im Prozess der Wahl eines Anführers erfolgt die Auswahl des Führers auf natürliche Weise durch den impliziten Vergleich der Führungsfähigkeiten der Teammitglieder. In der Regel muss der Anführer einer Gruppe der Sturköpfigste, Entschlossenste, Unermüdlichste und Unbesiegbare der Gruppe sein und zugleich der Verantwortlichste gegenüber den Teammitgliedern. Untereinander unterwerfen sich Männer demjenigen mit der stärksten Persönlichkeit, der gleichzeitig auch der Verantwortlichste in Bezug auf das gewählte Ziel und seine Kollegen ist. Nicht nur die Wahl eines erhabenen Ziels zählt, auch andere Qualitäten sind wichtig, wobei Verantwortung von wesentlicher Bedeutung ist.

Die großen Führer der Welten waren immer kühn, hart, zäh und zugleich verantwortlich gegenüber den Gruppen, die sie anführten, unabhängig davon, ob es sich um eine Schlacht oder ein wissenschaftliches Projekt handelte. Wenn der Anführer nur Stärke zeigt, sich jedoch egoistisch verhält und die Teams nicht schützt oder sie nicht angemessen führt, wird Misstrauen entstehen, und die Untergebenen werden nicht das Gefühl haben, dass er sich um sie kümmert. Daher sind männliche Geister außergewöhnlich, solange sie einen bestimmten Grad an Entwicklung erreicht haben, und Männer werden sowohl kühn und furchtlos als auch verantwortungsbewusst und umsichtig.

Im Allgemeinen wissen Männer, einander zu schätzen, und akzeptieren es, sich nur Personen unterzuordnen, die sie als würdig für ihre Loyalität erachten. Sie sind bereit, loyal zu sein, nicht so sehr dem Ziel, sondern ihrem Anführer als Person, solange sie in diesem Prozess nicht enttäuscht werden. Sobald die Bewunderung für den Anführer verschwindet oder sie zum Beispiel feststellen, dass der Anführer nicht unparteiisch, sondern egoistisch und faul ist und nicht genügend Mut und Zähigkeit zeigt, werden die anderen Mitglieder der Gruppe ihn nicht mehr respektieren oder folgen. Entweder werden sie sich zurückziehen oder versuchen, selbst die Führung des Projekts zu übernehmen.

Ein Führer muss seine Position kontinuierlich behaupten und darf keine Konzentrationsschwäche oder Schwäche zeigen. Aus diesem Grund ist es ratsam, dass sich ein Anführer, wenn er sich überfordert fühlt, in Ehren zurückzieht und einen anderen Führer auswählt, der seine Position übernimmt, anstatt das Risiko einzugehen, gewaltsam ersetzt zu werden.

Ein außergewöhnlicher männlicher Geist wird sich nicht unterdrücken lassen, sondern seinen Stolz und seine Ehrlichkeit bewahren oder sich zurückziehen und eigenständig etwas Neues versuchen, anstatt Kompromisse einzugehen. Wie auch immer, jeder männliche Geist hat seinen eigenen Stolz und seine eigene Persönlichkeit, und durch Zusammenstöße und Interaktionen mit ähnlichen Geistern entstehen entweder kooperative oder wettbewerbsorientierte Beziehungen.

Ein Mann akzeptiert einen anderen, wenn sie die Verantwortung zur Erreichung eines gemeinsamen Ziels teilen können. Aber sie akzeptieren es nicht, wenn Uneinigkeit darüber herrscht, wer wem untergeordnet ist. Solange sie in der Lage sind, das Ziel in Verantwortungsbereiche aufzuteilen, läuft die Arbeit reibungslos, außer in Fällen, in denen die Verantwortung überschneidet, was es schwierig macht, dass einer zugunsten des anderen nachgibt.

Männer bewundern und respektieren einander, solange sie anerkannte Erfolge vorweisen können. Der Respekt unter Männern basiert auf ihrer Erfolgsgeschichte. Ohne eine solche Erfolgsgeschichte werden sie jemanden nur aus Höflichkeit respektieren oder sich aufgrund ihrer Erziehung zivilisiert verhalten, aber in Wirklichkeit werden sie nur Personen ehrlich wertschätzen, die eine beeindruckende Erfolgsgeschichte vorweisen können, die aus erreichten Zielen besteht.

Die Beziehung zwischen einem jüngeren und einem erfahreneren älteren männlichen Geist ist von Respekt geprägt, solange der Ältere seinerseits ein anerkennendes Verhalten gegenüber dem Jüngeren zeigt. Die Rolle des Erfahreneren besteht darin, Lehren und Erfahrungen weiterzugeben, Wissen zu teilen, ohne zu beleidigen oder unangemessenes Verhalten zu zeigen. Der junge Geist, der seine eigene Persönlichkeit hat, muss entsprechend respektiert werden, und seine kreativen Ideen, seine Vorschläge und alles, was er als frischen Wind in das jeweilige Projekt einbringt, sollten unterstützt werden.

Ein junger Geist wird seinerseits den Mut zeigen wollen, seine Persönlichkeit zu entwickeln, und aus diesem Grund muss die Beziehung zwischen einem Anführer und einem jungen Mann auf Respekt und Vertrauen basieren. Wenn der junge Geist das Gefühl hat, in einer bestimmten Umgebung ausreichend Erfahrung gesammelt zu haben, wird er ebenfalls sein eigenes Ziel setzen wollen und Verantwortung für die Ergebnisse übernehmen, die er erzielen wird.

3. Über Verantwortung

Verantwortung hat mehrere Komponenten, von denen die erste Pflichtbewusstsein ist.

1. Pflichtbewusstsein ist der erste Teil der Verantwortung, auf den die Entwicklung eines Mannes zurückzuführen ist. Er ist von Geburt an verpflichtet, die Sicherheit der Gruppe zu gewährleisten, um die er sich kümmert. Das tut er instinktiv, und falls nötig, wird er kämpfen, um seine Gruppe, seine Familie oder sein Team zu schützen, für das er verantwortlich ist. In besonderen Fällen kann ein Mann für große Projekte, Revolutionen, Schlachten verantwortlich sein oder einen weitreichenden Einfluss auf große Massen ausüben. Verantwortlich zu sein bedeutet, seine Pflicht anzunehmen und dieser strikt zu folgen.

Ein Mann ist also von Geburt an verpflichtet, die Sicherheit seiner nahestehenden Gruppe zu unterstützen.

Ein weiterer Bestandteil der Verantwortung, den ein Mann zeigen sollte, ist:

2. Die Sicherstellung der Bedingungen. Instinktiv ist ein Mann für seine Gruppe verantwortlich, indem er für Sicherheit sorgt, sich anstrengt und dazu beiträgt, optimale Lebensbedingungen und das Nötige für ein anständiges Leben zu gewährleisten. Er wird arbeiten und sich darum kümmern, dass seine Nahestehenden die Dinge erhalten, die für ein sorgenfreies und würdiges Leben notwendig sind.

Der dritte Teil der Verantwortung, den eine männliche Person von Natur aus hat, ist:

3. Opferbereitschaft. Er sollte bereit sein, sich zum Wohle seiner Familie, Kinder, nahestehenden Mitglieder und seines Teams zu opfern, bereit, auf seinen eigenen Komfort und seine eigenen Wünsche zu verzichten, um den anderen das Nötige zu sichern. Diese Art von Opferbereitschaft ist seltener anzutreffen, da sie von Stolz und Hingabe abhängt, die ein Mann zeigen kann. Einige Männer zeichnen sich in dieser Hinsicht aus, während andere egoistischer sind und keine nennenswerten Anstrengungen unternehmen.

Der vierte Teil der Verantwortung ist:

4. Die Erreichung des angestrebten Ziels. Ein Mann, der ein Ziel hat, ist ein wahrer Mann. Solange er sich auf das konzentriert, was er erreichen will, wird er ununterbrochen arbeiten, ein Anführer par excellence sein und alles opfern, um sein Ziel zu erreichen.

Verantwortung ist also für einen Mann von grundlegender Bedeutung. Seine Existenz hängt davon ab, dass er eine Person, eine Gruppe oder ein Team anzieht, gegenüber denen er seine Pflicht ausüben kann. Männer sind so programmiert und werden mit diesen Eigenschaften geboren. Die weitere Entwicklung jedes Einzelnen hängt davon ab, wie leicht er in seinen Entscheidungen beeinflussbar ist und wie sehr er sich der Gesellschaft anpasst, in der er lebt. Wenn die Gesellschaft es verlangt, wird er entsprechend handeln, und wenn die Gesellschaft fragwürdig wird und ihre Werte umkehrt, wird der beeinflussbare Mann in einigen Aspekten unzureichend handeln.

Als Beispiel: In den gegenwärtigen Gesellschaften auf der Erde ist die Werteskala entfremdet, und sowohl Männer als auch Frauen können negativ beeinflusst werden, weil das Wertesystem umgekehrt ist. Egal wie die Gesellschaft ist, ein wahrer Mann wird seine Integrität bewahren und wissen, wie er sich verhalten muss, um sich erfüllt zu fühlen. Sobald er von seinen Überzeugungen zu kompromittierten Werten abweicht, wie es in einigen Fällen geschieht, wird der Mann von seinen grundlegenden Zielen abweichen und manipulierbar, leicht lenkbar und unglücklich werden.

Jeder Mann sollte sich auf die Werte beziehen, die er in seiner Seele trägt, die ihm auf der Bewusstseinsebene eingeprägt sind, auf der seine Persönlichkeit definiert ist. Unabhängig von der Situation sollte ein Mann wissen, wer er ist, und kann jederzeit diese Übung machen, indem er das innere Flüstern seines Gewissens fühlt. Er muss entscheiden, ob er das bleibt, was er wirklich ist, oder ob er seinen Glauben ändert, um im Trend zu bleiben, in einer dystopischen Gesellschaft.

4. Die sexuellen Vorlieben der Männer

Im Universum ist ein Mann, der sich seiner Natur nach auf sein Ziel konzentriert, immer darauf ausgerichtet, dieses zu erreichen. In Bezug auf seine Beschaffenheit verfügt ein Mann über einen signifikanten oder geringeren Anteil an männlicher Energie. Je mehr der Prozentsatz der männlichen Energie über 50 % steigt, desto stolzer, verantwortungsbewusster und mutiger wird er sein.

Einige Männer haben eine besondere Sensibilität, sie sind aufmerksame Beobachter und bemerken Schönheit aus verschiedenen Blickwinkeln. Aus diesem Grund sind die besten Musiker, Künstler, Maler und Köche Männer. In einem Mann findet immer die Suche nach Harmonie, Schönheit und Neuartigem statt. Diese innere Suche lässt ihn Dinge und Situationen schätzen, die der Perfektion am nächsten kommen, und er wird von der Schönheit und dem Charme der Frauen, von der Perfektion der Natur oder von den vollendeten geometrischen Formen von Gebäuden oder Architekturen angezogen. Die künstlerische Seite und Sensibilität können in jedem Mann vorhanden sein und hängen nicht vom Anteil der weiblichen Energie ab, sondern von der Perfektion, nach der er als streng männliches Wesen strebt.

Männlichkeit bedeutet Perfektion, Gleichgewicht, das Erreichen von Zielen, Fortschritt und Vorankommen. Männer werden von Perfektion angezogen, genau wie Frauen nach Harmonie streben. Der Unterschied besteht darin, dass Frauen durch Ergänzung das Gleichgewicht schaffen, während Männer durch die Verfolgung ihrer Ziele Perfektion erreichen. Die Beziehung zwischen den beiden Geschlechtern, also männlich und weiblich, basiert auf der Bildung eines Paares durch Ergänzung, Respekt, Anziehung und physische Leidenschaft, die den Energieaustausch zwischen ihnen beinhaltet. Auf diesem Prinzip beruht das Tandem Mann-Frau, und wenn sich ein Paar bildet, werden sie zusammen ein Ganzes bilden und in der Lage sein, eine gemeinsame Richtung zu finden, in der jeder seine Rolle spielt.

In der modernen Gesellschaft ist der Mann von Trends und Moden beeinflusst. Die Beispiele, die in den Medien präsentiert werden, tragen zu einem verstärkten Gefühl von Unglück und Unzufriedenheit bei, das einige Männer betrifft. Konsumorientierte Werbung, die Verherrlichung von dekadenten Beispielen als von großem Wert, Oberflächlichkeit und Trends von minderwertiger Qualität, die als normal angesehen werden, lenken Männer von ihrer urtümlichen Natur ab und machen sie zu Marionetten mit falsch definierten Zielen.

Heutzutage gibt es nur sehr wenige Männer, die nach etwas anderem streben als dem Traum, reich, berühmt und um jeden Preis bekannt zu werden. Diese Anomalien, die nur Ansprüche erheben, ohne zu erklären, wie viel Arbeit und Vorbereitung erforderlich sind, um wirklich erfolgreich zu sein, lenken die Gesellschaft von ihren Werten ab. In der heutigen Zeit basiert die Gesellschaft nur auf Konsum, und die Ideale hängen von der Kaufkraft ab, die man erreichen kann. Es geht nicht mehr darum, der angesehenste Lehrer, ein geschickter Haushalter oder der professionellste Handwerker in seinem Beruf zu werden. Alles dreht sich um Geld, Ruhm, Kaufkraft und die Möglichkeit, sich Luxusartikel zu leisten, die keine Bedeutung oder Notwendigkeit haben.

Diese bizarre und fehlerhafte Verwaltung von Ausgaben ist auf die Manipulation durch Machtgruppen zurückzuführen, die es vorziehen, große Massen ungebildeter Menschen ohne Richtung zu kontrollieren, anstatt mit intelligenten Menschen mit klar definierten Zielen umzugehen. In einer entfremdeten und dystopischen Gesellschaft werden sogar diejenigen, die normal leben und ihre Ziele verfolgen, irgendwann chaotisch in dem, was sie sich wünschen.

Der Umstand, dass es heute nicht nur nicht mehr als Anomalie angesehen wird, sondern als normal gilt, homosexuell, transsexuell usw. zu sein, ist nichts anderes als eine Abweichung von der Bedeutung, Frau oder Mann zu sein. Jeder Mensch hat sowohl weibliche als auch männliche Energie. Es gibt niemanden, der zu 100 % eine Frau oder zu 100 % ein Mann ist, da jedes Wesen eine Mischung aus weiblich und männlich ist. Wer mehr als 50 % weibliche Energie besitzt, wird als Frau betrachtet, und wer mehr als 50 % männliche Energie hat, wird als Mann betrachtet. Normalerweise entspricht der überwiegende Prozentsatz des Geschlechts auch dem Geschlechtsorgan, und Frauen und Männer sind dennoch von Geburt an unterschiedlich.

Die Tatsache, dass es keine Rolle mehr spielt, mit welchem Geschlecht man geboren wird und dass man später sein Geschlecht wählen kann oder sein Geschlecht ändern kann oder als Mann Männer oder als Frau Frauen liebt, ist in Ordnung, solange man weiß, wer man ist und was sein Ziel auf dieser Welt ist. Es ist jedoch nicht in Ordnung, wenn eine Anomalie nur eine vorübergehende Modeerscheinung ist, die dich anzieht, weil du dich selbst nicht gut genug kennst und unsicher bist. Wie auch immer, es ist deine Entscheidung, was du werden möchtest und wie du dein Leben auf der Erde leben willst, solange du ehrenhaft dazu beiträgst, der Gesellschaft einen Mehrwert bringst, dich vorbereitest und etwas Nützliches und Würdiges hinterlässt.

Daher kannst du dein Empfinden als Mann in deiner Seele/deinem Bewusstsein haben, oder es kann nur das Ergebnis des Einflusses einer abweichenden

Gesellschaft auf dich sein. Wenn du durch das, was du tust, durch deine Errungenschaften wichtig wirst, dann ist es in Ordnung, ob du homosexuell, bisexuell, trigender usw. bist. Aber wenn all diese Anomalien nur das Ergebnis deiner Unsicherheit sind, dich im Laufe deines Lebens nicht wiederfindest und nicht weißt, wo und wie du suchen sollst, wirst du nur ein Opfer eines Systems, das von Oberflächlichkeit und Illusionen erstickt wird.

Wie auch immer die Gesellschaft sein mag, ein wahrer Mann muss tief in seiner Seele fühlen, was er zu tun hat, welche Ziele er hat und welchen Zweck er auf diesem Planeten hat. Andernfalls wirst du nur manipulierbar, ohne Richtung sein und ständig den Erfolgen anderer nachtrauern, während du selbst keine eigenen Errungenschaften hast. Diese Art von Verhalten, sich zu wünschen, das zu besitzen, was die beworbenen Berühmtheiten haben, ist ein Hinweis auf ein verzerrtes Verhalten. Es ist eine Form von emotionaler Erpressung, die die Gesellschaft und die Medien auf euch ausüben, und das Ergebnis wird sein, dass du, anstatt dein eigenes Ziel zu setzen und dich gründlich darauf vorzubereiten, ein Mann ohne eigenes Ziel wirst, und ein Mann ohne eigenes Ziel ist verloren, unsicher, ungeformt und sehr leicht zu manipulieren.

5. Die Entwicklung der Männer im Laufe der Jahrhundert

Die Entwicklung der Männer im Laufe der Jahrhunderte stellt den Übergang vom Neandertaler zum eleganten und selbstbewussten Mann von heute dar, vom Jäger, der in Dschungeln und Wäldern ums Überleben kämpfte, zum heutigen raffinierten Mann im Anzug. Kurz gesagt, von der Bestie zum eleganten, kultivierten, intelligenten und analytischen Mann der Gegenwart.

Wie hat sich dieser Prozess im Laufe der Zeit vollzogen?

Die Männer haben eine rasante Entwicklung durchlaufen, da sie im Laufe der Jahrhunderte gekämpft und sich bemüht haben, eine sicherere Welt zu schaffen, in der die Männlichkeit rohe Kraft in Kunst verwandelt. In der Vergangenheit war das Leben instabil, und Männer mussten ihre rohe Kraft, ihre primitiven Überlebensinstinkte, ihre Tapferkeit und ihren Mut einsetzen und ihre Pflicht bis zum äußersten Opfer erfüllen, um ihren Überzeugungen und Glaubenssätzen zu folgen. Da sich die Gesellschaften weiterentwickelt haben und die heutigen Kriege durch Manipulation und nicht mehr physisch geführt werden, musste sich der Mann an die neuen Zeiten anpassen, in denen von ihm Analyse, intellektuelle Entwicklung, analytisches Denken, Sensibilität, Professionalität und Kreativität verlangt werden.

Die Entwicklungen, durch die eure Gesellschaft im Laufe der Zeit gegangen ist, haben den Mann von dem, der rohe Kraft mit einfachem Denken von Punkt A nach Punkt B verband, zu einem kultivierten Mann gemacht, der analysieren kann, diplomatisch ist und Methoden findet, um die Macht des Denkens anstelle roher Gewalt einzusetzen. Der lange Prozess der Zivilisierung und Entwicklung hat zu Erfolgen geführt, die die Welt, die sich ebenfalls weiterentwickelt hat, in eine komfortable Gesellschaft verwandelt haben, die nicht mehr von den Sorgen des morgigen Tages geplagt ist. Die gesellschaftlichen Anforderungen haben auch den physischen Körper des Mannes verändert, der, da er nicht mehr zu körperlicher Arbeit gezwungen ist, sich dem modernen Lebensstil angepasst hat, bei dem körperliche Anstrengungen durch intellektuelle Anstrengungen ersetzt wurden.

Heute nutzen Männer hauptsächlich ihren Intellekt in den Berufen, die sie ausüben, und der Einsatz körperlicher Kraft ist zurückgegangen. Dennoch hat sich die Aufgabe des Mannes, verantwortlich zu sein, erhalten. Beeinflusst von den Lebensbedingungen ist er viel versöhnlicher und toleranter in Bezug auf wettbewerbliche Beziehungen geworden und neigt weiterhin dazu, eher nachgiebig und diplomatisch zu handeln, um physische Auseinandersetzungen zu vermeiden. Man könnte sagen, dass er einen Entwicklungsgrad erreicht hat, bei dem die Analyse zur

Suche nach friedlichen Lösungen Vorrang vor körperlichen Konflikten hat.

Der moderne Mann ist also intellektuell gut ausgebildet und hat in der Regel einen Beruf, der ihm die Freiheit gibt, Verantwortung zu übernehmen und seinem Umfeld Sicherheit zu bieten.

Der nächste Schritt in der Entwicklung der Männer wird die Schaffung einer idealen Welt sein, in der alle Bewohner von akzeptablen Bedingungen profitieren. Auseinandersetzungen und Kämpfe werden, soweit möglich, vermieden, und die Männer werden immer raffinierter und idealistischer, um ihre Ziele zu erreichen. Ein moderner Mann neigt eher dazu, einen Beruf zu wählen, durch den er sich durch seinen Beitrag ehrenhaft auszeichnen kann, anstatt für jede Kleinigkeit zu kämpfen.

Die Männer haben neue Wege gefunden, ihre Existenz zu sichern, sie waren einfallsreich und haben eure Welt an einen Punkt gebracht, an dem Streitigkeiten hauptsächlich durch Argumente oder in virtuellen Umgebungen ausgetragen werden. Die männliche Welt hat sich mit den Jahrhunderten weiterentwickelt und sich von einem brutalen Überlebenskampf zu Diplomatie, Frieden und dem Bestreben gewandelt, im Leben durch Fähigkeiten wie Vorbereitung, Vielseitigkeit, Professionalität, Eloquenz usw. erfolgreich zu sein.

Abgesehen von einigen Ausnahmen herrscht auf der Erde Frieden, und die Männer nutzen ihre Fähigkeiten, um ihrer Umgebung Sicherheit zu bieten, ohne auf Brutalität zurückzugreifen. Der moderne Mann ist freundlich und subtil, anpassungsfähig und geschickt. Sie haben den rohen Kampf durch List und die Fähigkeit ersetzt, ohne körperliche Anstrengung erfolgreich zu sein. Dies ist die Tendenz nach so vielen Jahrhunderten, in denen sie Erfindungen und Innovationen entwickelt haben, um Komfort, Frieden und Wohlstand um sich herum zu schaffen.

In der Zukunft werden Männer noch geschickter darin werden, neue Wege zur Aufrechterhaltung von Frieden und Ordnung zu finden, ohne sich auf Kämpfe einzulassen. Ihr Geist ist darauf ausgerichtet, Wege zur Vereinfachung des Lebens und zur Schaffung von hohem Komfort zu finden. Der Mann wird sich bemühen, eine friedliche Welt zu schaffen, in der Überlebenskämpfe nicht mehr notwendig sind, und in Zukunft wird er weiterhin eure Welt ordnen und sie auf ein höheres Weisheitsniveau heben. Die Männer träumen von der Schaffung einer idealen Welt, voller Ruhe und Wohlstand für sich und ihre Angehörigen.

Auch wenn es noch stolze Anführer gibt, die die Massen aus dem Hintergrund manipulieren, um Vorteile, Macht und Reichtum zu erlangen, wird sich eure Welt verändern und auf ein anderes Verständnis- und Kooperationsniveau übergehen. Weder Rasse noch Geburtsort, Religion oder Grenzen werden mehr von Bedeutung sein, sondern nur der Mehrwert, den jeder einbringt. Die Ära, in der Menschen ohne Wert, Vision und Ideale die Welt regieren, wird zu Ende gehen. Nur großzügige Anführer werden sich von selbst herauskristallisieren, die selbstlos sein und zur normalen Entwicklung der menschlichen Zivilisation beitragen werden.

6. Männer, Schönheit und Wettbewerb

Ein Mann wird immer von Frauen angezogen, die wissen, wie sie sich präsentieren, von ihrer Jugend und ihrem Geheimnis. Außerdem schätzen Männer alles, was harmonisch gestaltet ist, sowohl geometrisch ausgerichtet als auch in Bezug auf die Farbkombinationen, als eine Form, die die mathematische Perfektion herausfordert. Der männliche Sinn für Ästhetik existiert in jedem Mann, nur ist er bei einigen feiner und bei anderen weniger ausgeprägt. Männer sind wahre Meister der Ästhetik und Kompositionen. Sie haben eine besondere Anziehungskraft auf tadellos gestaltete Formen und erkennen Details, die Frauen mit ihrer unterschiedlichen Wahrnehmung oft nicht bemerken. Eine Frau schätzt eher die Farbgebung als die Form, während Männer bei Farben nüchterner sind, dafür aber bei der Form anspruchsvoller.

In Bereichen wie Ingenieurwesen, Mechanik, Software, Elektrizität, Architektur, Bauwesen, Stadtplanung, Organisation von Städten und Transporten und vielen anderen zeigt der Mann einen architektonisch-technischen Verstand, der Form und Funktionalität verbindet. Er ist in der Lage, Schönheit und Design effizient mit der Nutzung zu kombinieren. Dies ist eine der unbestreitbaren Tatsachen, die die Geschichte gezeigt hat. Alles, was Männer gebaut haben, ist logisch, effizient, schön und funktional zugleich. Der männliche Verstand verbindet Perfektion mit Effizienz, Technik mit den Gesetzen der Physik, und in dieser Hinsicht unterscheiden sich Männer deutlich von Frauen.

Darüber hinaus sind Männer von der Perfektion der Natur fasziniert und passen sich viel leichter an die Umwelt an als Frauen. Ein Mann wird an einer Frau immer Details schätzen, die ihr entgehen oder die sie gar nicht bemerkt, wie zum Beispiel die Form ihrer Finger, ihr Duft oder der Charme, den sie ausstrahlt. Er interessiert sich nicht so sehr für die Qualität ihrer Kleidung oder die Perfektion ihrer Formen, sondern wird von der Persönlichkeit der Frau angezogen, von der Art der Botschaft, die sie vermittelt, und durch die er ihr inneres Gleichgewicht zu schätzen weiß.

In Bezug auf die Bewertung der Schönheit von Frauen spüren Männer diese sowohl ästhetisch als auch als Botschaft, die sie von ihnen empfangen. Manchmal fixieren sie sich auf ein kleines Detail oder eine Geste der Frau, die sie fasziniert, wie etwa ihr Lächeln, ihr Lachen oder ihren Duft, während andere Details für ihn unwichtig sind. In dieser Hinsicht sollten Frauen schlau sein und beobachten, was der Mann schätzt, anstatt sich den Kopf über die tausend Dinge zu zerbrechen, die sie tun, um dem gewünschten Mann zu gefallen. Wenn sich ein Mann in eine Frau verliebt, interessiert er sich nicht mehr für ihre körperliche Perfektion oder die Meinung anderer über sie. Er wird von ihrer Anziehungskraft gefesselt sein, solange die Frau weiß, wie sie diese Faszination aufrechterhält.

Frauen verlieren Männer, wenn ihre Faszination für sie nachlässt, weil sie entweder nicht wissen, wie sie diesen Prozess aufrechterhalten sollen, oder dem Partner zu viele Verantwortlichkeiten übertragen, die er nicht bereit ist zu übernehmen. Entweder langweilen sie ihn, oder sie ärgern ihn, indem sie ihn mit Problemen belästigen, die er als unwichtig ansieht. All dies führt dazu, dass er sich distanziert und sich fragt, ob er die richtige Wahl getroffen hat, oder sich einem anderen, interessanteren Ziel zuwendet.

Kein Mann mag Vorwürfe, weder von seiner Partnerin noch von seinem Chef bei der Arbeit. Ein Mann mag es nicht, niedergemacht zu werden, sich Vorwürfe anzuhören oder gesagt zu bekommen, dass er nicht gut genug oder brillant ist, wie er sich vorstellt. Aus diesem Grund muss er immer mit Diplomatie behandelt werden, ohne dass ihm direkt Vorwürfe gemacht werden. Von einem diplomatisch behandelten Mann bekommst du leichter, was du willst, als durch Vorwürfe. Eine kluge Frau weiß, wie sie vorgehen muss, während eine weniger vielseitige Frau, die ihm Vorwürfe macht, ihn verlieren wird, weil ihr die Fähigkeit fehlt, wirklich Frau zu sein. Du kannst also als Frau von einem Mann alles bekommen, mit freundlichen Worten, Sanftmut, Fürsorge und Anmut, eher als durch Beleidigungen, Schreien oder Vorwürfe.

Ihn zu loben ist ein weiterer wichtiger Aspekt, den eine kluge Frau zu ihrem Vorteil nutzen wird, um das Ego eines Mannes zu streicheln. Diese Methode wird ihn verändern, ihm Selbstvertrauen geben und ihn dazu bringen, außergewöhnliche Dinge für sie zu tun.

Eine Frau, die mit dem von ihr gewählten Mann zufrieden ist, ist eine Frau, die mit sich selbst zufrieden ist. Ein Mann kann eine Frau nur dann enttäuschen, wenn sie nicht weiß, wie man ihn mit Liebe und Diplomatie richtig handhabt oder die Geduld verloren hat. Die meisten Frauen verlieren ihre Männer nicht, weil diese weglaufen oder untreu und unzuverlässig sind, sondern weil sie nicht wissen, wie sie feminin, ausgeglichen, versiert und erfahren genug sein müssen, um ihn zu führen wie ein wahrer Meister.

Männer mögen keine unausgeglichenen Frauen, egal wie schön und jung sie sind, sondern sie bevorzugen interessante Frauen. Wie kann eine Frau für einen Mann interessant sein?

Eine Frau kann interessant sein, indem sie ihn mit ihrem persönlichen Charme fasziniert und ihn neugierig und gleichzeitig begierig darauf macht, sie zu erobern. Männer lieben den Prozess, eine Frau zu erobern. Der Prozess, eine Frau zu erobern, und der Prozess, in einem

Projekt erfolgreich zu sein, sind ähnlich, da der Mann bereit ist, jede Herausforderung anzunehmen und seinen persönlichen Charme zu entfalten. So tritt der Mann in ein Muster ein, das seinem archaischen Programm entspricht, in dem er bereit ist, erhebliche Anstrengungen zu unternehmen und sich selbst zu übertreffen, um das zu erreichen, was er sich wünscht. Er wird alle möglichen Ansätze ausprobieren, wird wettbewerbsfähig und erfinderisch, bricht aus dem Rahmen aus, um zu erobern, wovon er träumt.

Für sein Glück und den Wunsch, zu bekommen, was er will, ist ein Mann bereit, über seinen Stolz hinwegzusehen, da das Ziel es wert ist, um jeden Preis erreicht zu werden.

Diese Transformation dauert nur bis zur Erreichung des vorgeschlagenen Ziels, sei es eine Frau oder ein Kampf. Sobald der Prozess abgeschlossen ist, sind einige Männer zufrieden und in Frieden mit dem, was sie erreicht haben, während andere auf der Suche nach einem neuen Ziel sind, das es zu erobern gilt, da sie den Zustand der Exzellenz und des Adrenalins lieben, den sie durchlaufen müssen. Einige nutzen diese Begeisterung, um neue und neue Projekte zu wählen, andere finden Situationen, die sie überwinden wollen, wie z.B. sportliche Wettbewerbe oder Geschäfte, in denen sich ständig neue Ziele ergeben.

Durch diesen Prozess bestätigt ein Mann, dass er ein Mann ist, und übertrifft sich selbst, und indem er sich besser kennenlernt, wird er selbstbewusster. Männer nehmen an Wettbewerben nicht unbedingt teil, um zu gewinnen, sondern um sich selbst zu entdecken und sich selbst zu übertreffen, um sich selbst zu beweisen, wie fähig sie sind. Der Mitbewerber ist zweitrangig, der Mann ist mehr daran interessiert, seine eigenen Grenzen zu überschreiten, als sich mit einem anderen Rivalen zu messen. Aus diesem Grund respektieren und bewundern Männer ihre Wettbewerber und sind dankbar für die Existenz derer, mit denen sie sich messen können.

7. Die Seele und die männliche Sensibilität

Die Seele eines Mannes ist größtenteils so beschaffen wie die einer Frau. Der Unterschied liegt in seiner Art zu urteilen, Dinge einfacher und zielorientierter zu bewerten. Männer besitzen ein erhöhtes Maß an Sensibilität und werden von besonderen Aspekten beeinflusst. Wenn sie nicht über bemerkenswerte Sensibilität verfügen würden, könnten sie nicht die besten Musiker, Komponisten, Maler, Dichter und Künstler im Allgemeinen sein. Die Sensibilität des Mannes ist geheimnisvoll und nicht so offen wie die der Frauen. Ein Mann zeigt seine Sensibilität nicht, weil er weiß, dass sie aufgrund seiner Männlichkeit, die Kraft, Entschlossenheit, Entscheidungsstärke, Stabilität und Sicherheit ausstrahlen sollte, nicht geschätzt würde. Deshalb verbergen Männer ihre Sensibilität, und sie wird nur durch das sichtbar, was sie in ihren Taten und Werken ausdrücken. Sie sprechen nie darüber, auch wenn sie alle diese Sensibilität besitzen.

Ein Mann weiß, dass er seine Sensibilität nicht vor einer Frau zeigen kann, da er riskiert, dass seine Empfindungen und seine Liebe zur Schönheit, seine künstlerischen Erlebnisse mit Schwäche verwechselt werden und nicht mehr als Qualitäten gelten.

Aufgrund der Gesellschaft auf der Erde, der Jahrhunderte voller Kriege und Kämpfe und des wettbewerbsorientierten Umfelds waren Männer über Jahrhunderte hinweg gezwungen, nur ihre primären Instinkte zu nutzen – die Überlebensinstinkte und die Verantwortung für die Gruppen, für die sie gesorgt haben. Nur in friedlichen Zeiten konnten sie ihre künstlerischen Fähigkeiten voll ausschöpfen, wie etwa während der Renaissance oder in Jahrzehnten, in denen Malerei, Musik, Poesie und Kunst im Allgemeinen als Werte angesehen wurden.

In der jüngeren Vergangenheit sind Männer aufgrund der Fehlentwicklung der Gesellschaft völlig verwirrt, da sie in dieser chaotischen Gesellschaft aufgefordert werden, verantwortlich zu sein, Geld zu verdienen, den Lebensunterhalt der Familie zu sichern, professionell, wettbewerbsfähig, kreativ und durchsetzungsfähig zu sein und, falls nötig, auch Gewalt anzuwenden. Es gibt ein Übermaß an Anforderungen, denen ein Mann gleichzeitig gerecht werden muss, und dieser Aspekt belastet ihn, weil er als Wesen nicht in der Lage ist, zehn Aufgaben gleichzeitig zu erledigen, sondern nur eine, und das gut.

Das männliche Gehirn funktioniert, indem es Probleme nacheinander löst, nicht durch die gleichzeitige Verarbeitung mehrerer Informationen. Mehrere Aufgaben, die sich überlappen, bringen ihn aus dem Gleichgewicht, da seine Logik darin besteht, ein

Ziel zu erreichen, bevor er das nächste in Angriff nimmt. Natürlich gibt es wichtige und weniger wichtige Ziele, aber durch seinen Versuch, sich an die Gesellschaft anzupassen, wird der Mann bei der Lösung einer Vielzahl von Anforderungen desorientiert. Nur wenige Männer schaffen es, in der heutigen Umgebung glücklich zu sein, und viele scheitern daran, sich den Anforderungen anzupassen.

Ein Mann sollte die Möglichkeit haben, selbst das Tempo zu bestimmen, in dem er das, was von ihm verlangt wird oder was er sich vorgenommen hat, erledigt. Sein Gehirn muss die Aufgaben nach ihrer Bedeutung ordnen können. Wenn er aus vielen Richtungen mit verschiedenen Anforderungen konfrontiert wird, wird er chaotisch und ineffizient in dem, was er tut. Da er die Dinge nicht nacheinander, sondern gleichzeitig erledigen muss, bringt ihn diese störende Bedingung aus seiner normalen Funktion. Wie eine zu stark gespannte Feder ist der moderne Mann zu einem Opfer der von ihm geforderten Verantwortlichkeiten geworden. Aus diesem Grund sind die meisten Männer unglücklich und haben keinen Enthusiasmus mehr, etwas zu tun.

Um den modernen Mann wiederzubeleben, sollte die Gesellschaft weniger zwanghaft sein. Männer, genauso wie Frauen, passen sich den Pflichten an, aber die meisten von ihnen fühlen sich, nachdem sie ihre Verantwortung für die Sicherung der Lebensgrundlagen wie Wohnung, Auto, Arbeit und Kinder erfüllt haben, unerfüllt, weil sie ihr Leben gelebt haben, ohne das zu erreichen, was sie sich wirklich gewünscht hätten. Sie haben sich dafür entschieden, ihr Leben nach den von der Gesellschaft vorgegebenen Standards zu führen, die sie schließlich erreicht haben, und in der Mitte des Lebens erkennen sie, dass das Beispiel, dem sie gefolgt sind, ihnen keineswegs das versprochene Glück gebracht hat. Wahrscheinlich hätten sie sich viel erfüllter gefühlt, wenn sie den Beruf gewählt hätten, den sie wollten, wenn sie ihrem Herzen gefolgt wären und beispielsweise Schriftsteller, Maler, Archäologe, Ozeanograf oder Konditor geworden wären – Berufe, die wahrscheinlich schlechter bezahlt gewesen wären als die eines Arztes, Anwalts, Geschäftsmanns oder Installateurs.

Dies ist die Tragödie des modernen Mannes, der nicht mehr wie vor Jahrhunderten gezwungen ist, in den Krieg zu ziehen, sondern auf einem Drahtseil in "n" Richtungen gleichzeitig balancieren muss, was ihn verwirrt, ihn aus dem Gleichgewicht bringt und ihn von seinem eigentlichen Ziel entfernt: männlich, großartig, tapfer, sensibel, einzigartig und bewundernswert zu sein.

Nur wenige haben den Mut, die richtigen Entscheidungen zu treffen, zu kämpfen und in dem, was sie sich vorgenommen haben, erfolgreich zu sein – diejenigen, die noch immer Ideale und Bestrebungen haben, die sie erfüllen wollen. Die Mehrheit lebt ein Leben des Opfers, arbeitet für andere und tut, was von ihnen verlangt wird, ohne jemals in ihrem wahren Wert zu glänzen. Sie sollten wissen, dass unabhängig von der Gesellschaft, der Umwelt und den Bedingungen die Art und Weise, wie sie ihre temporäre Erfahrung als Mann auf dem Planeten Erde leben, ihre eigene Wahl ist.

8. Größe und Unterwerfung

Ein Mann strahlt Größe und Männlichkeit aus, wenn ihm die Gelegenheit gegeben wird, diese zu zeigen. Ein Mann, der weiß, wer er ist und tief mit seinem Bewusstsein verbunden ist, wird immer integer, würdevoll, selbstbewusst und mutig in seinem männlichen Auftreten sein. Männlichkeit bedeutet Integrität, Verantwortung, Fürsorge für andere, Ruhe, Diplomatie und das Erreichen von Größe durch die Umsetzung von Zielen in bedeutende Taten, die im Dienste anderer stehen.

Ein Mann, der sich nicht von den Standards der Gesellschaft beeinflussen lässt und auch nicht Opfer der Erwartungen anderer wird, wird ein glückliches Leben führen, ein Ziel nach dem anderen erreichen, so wie alle Männer es tun sollten. Er wird sich vorbereiten, arbeiten und lernen, um sich seinen Zielen zu widmen. Er wird sich nicht in Trugbildern verlieren und auch nicht der Versuchung erliegen, materiellen Gewinn auf Kosten der Erreichung seines persönlichen Plans, der ihm Glück und Erfüllung bringt, anzustreben. Er wird nicht leicht manipulierbar sein, noch wird er sich beim ersten Misserfolg billig verkaufen, sondern seinen Weg zu dem, was er sich vorgenommen hat, weiterverfolgen.

Die Größe eines Mannes zeigt sich in der Freundlichkeit und Noblesse, mit der er andere behandelt, in seinem Konzentrationsgrad und seiner Hartnäckigkeit sowie in den übermenschlichen Anstrengungen, die er bereit ist, in die gewünschte Richtung zu unternehmen.

Ein großartiger Mann springt nicht von einem zum anderen, ändert nicht sein Ziel, um mehr Geld zu verdienen, und verkauft sich nicht, um in besseren Bedingungen zu leben. Frauen verlieben sich in großartige Männer, in diejenigen, die wissen, was sie wollen, verstehen sie dann aber oft nicht und stellen überzogene Erwartungen an sie. Statt ihnen Unterstützung zu bieten, Geduld zu haben und sie zu fördern, kritisieren sie sie und lenken sie auf unbedeutende Ziele um. Oder sie machen sie verrückt, indem sie überzogene Forderungen stellen, die seine aktuellen Möglichkeiten übersteigen. Dann werden sie unglücklich und klagen, dass der gewählte Mann ihnen nicht mehr die gleiche Liebe und Zuneigung wie zu Beginn der Beziehung schenkt, oder sie sind unzufrieden mit den materiellen Bedingungen, die zur Verfügung stehen.

Selbst wenn der Mann es schafft, ihnen alles Materielle zu geben, was sie sich wünschen, bleiben sie dennoch unglücklich, weil er ihnen nicht genug Zeit und Aufmerksamkeit widmet, und so weiter.

Eine Frau muss wissen, wie sie das Gleichgewicht in einer Beziehung halten kann, ohne Druck auf die

Erwartungen an einen Mann auszuüben, und ihm den Raum lassen, seine Pläne in dem Tempo zu verwirklichen, in dem er es für richtig hält.

Ein unterwürfiger Mann ist ein unglücklicher Mann, unabhängig von seiner finanziellen Situation oder seiner Stellung. Egal wie stark er ist und welche Art von Arbeit er verrichtet, kein Mann sollte sich irgendjemandem unterwerfen, es sei denn, er tut dies bewusst und freiwillig. Er braucht immer Raum zum Nachdenken, Zeiten, in denen er in Ruhe ist, um zu reflektieren, zu analysieren und sich neu zu orientieren, um seine Ziele zu erreichen.

Auf der anderen Seite muss jeder Mann wissen, dass seine primäre Rolle darin besteht, großartig und männlich zu sein, und nur sekundär darin, die Frau an seiner Seite und seine Nahestehenden glücklich zu machen. Solange ein Mann sich dessen bewusst ist, dass er zuerst wissen muss, wer er ist, und dann den Anforderungen anderer entsprechen kann, wird er innerlich zufrieden und ausgeglichen sein.

Eine Frau, die ihren Mann glücklich sehen will, muss ihm Zeit geben, um zu seiner normalen Verfassung zurückzufinden und sich auf seine Pläne zu konzentrieren. Sie sollte ihn nicht nörgeln, ihn nicht zu Aufgaben zwingen, die er nicht mag, ihn nicht unter Druck setzen, ihn nicht ersticken, nicht auf seinem Stolz herumtrampeln und nicht seine Güte und Sensibilität ausnutzen, indem sie ihn für das Glück anderer verantwortlich macht. Eine wahre Frau wird wissen, wie sie ihren Mann in seiner Männlichkeit und Persönlichkeit unberührt lässt, ihn verehren, unterstützen und ihm erlauben, frei und glücklich mit seinen Zielen zu sein, in seiner männlichen Größe. Sie wird ihn loben und unterstützen und wird nicht über unwichtige Kleinigkeiten unglücklich sein.

Männliche Sensibilität ist feiner als die weibliche. Der Stolz und das Ego eines Mannes sind sein Reichtum, seine innere Stärke, und selbst wenn der Mann nicht gebildet und kultiviert ist, bleiben diese seine Stärken. Als Frau muss man diplomatisch und höflich sein, man muss wissen, wie man all das zu seinem Vorteil nutzt, ohne ihn zu unterwerfen, sondern stolz auf seinen Mann zu sein.

Aus diesem Grund haben einige Frauen glückliche Männer, andere haben unglückliche Männer, und wieder andere haben gar keine Männer.

Ein Mann muss die Möglichkeit haben, in seinem wahren Wert zu glänzen, denn er ist der Pfeil, der die Gesellschaft vorantreibt, den Fortschritt unterstützt, die Zivilisation voranbringt und das Universum im Makrokontext erweitert, wo Männlichkeit Kraft, Entwicklung, Fortschritt und Erfolg bedeutet.

9. Männlichkeit auf der Erde und im Universum

Im Universum bedeutet Männlichkeit (+) und Weiblichkeit (-), Männlichkeit bedeutet Licht, Weiblichkeit bedeutet Dunkelheit, Yin und Yang, das Leuchten auf schwarzem Hintergrund, Komplementarität, eine Rotationsbewegung, die sich mit einer Pulsationsbewegung kreuzt. Das Universum, das dual ist, kann nur durch die Kombination dieser beiden Elemente existieren.

Männlichkeit ohne Weiblichkeit ist wie ein Lied ohne Instrument, das es interpretiert. Ein Mann strahlt auf eine andere Weise, wenn er in der Gegenwart einer Frau ist, die er mag, und funktioniert perfekt, wenn er in ihren Bann gezogen wird. Er braucht ein Umfeld, in dem er sich auszeichnen kann, um seine Qualitäten zur Geltung zu bringen. Ein Mann, der sich in einer Beziehung mit der richtigen Frau befindet, wird bemerkenswert und unbesiegbar, wenn die Frau weiß, wie sie ihn richtig handhaben kann. Wenn die Partnerin ihn jedoch nur kritisiert oder überzogene Erwartungen an ihn hat und ihn nicht in seinen Plänen unterstützt, wird der Mann resigniert und unglücklich, seine Männlichkeit verdunstet, und er wird zu einer Marionette ohne Persönlichkeit oder wendet sich einer anderen Frau zu, die ihm wieder das Gefühl gibt, ein Mann zu sein.

Im Universum gibt es männliche und weibliche Geister, die nicht unbedingt Beziehungen zueinander haben. Einige männliche Geister fühlen sich glücklich in ihrer Arbeitsgruppe, wenn sie ein gemeinsames, bedeutendes Forschungsthema oder Projektziel verfolgen. Nicht alle Geister im Universum haben Beziehungen zum anderen Geschlecht. Die meisten Entitäten ziehen es vor, allein zu bleiben und sich auf ihre Ziele zu konzentrieren.

Im Universum gibt es großen Respekt vor weiblichen Geistern, die frei gelassen werden und niemals zu irgendetwas gezwungen werden. Auf Planeten wie der Erde zum Beispiel, wo es um die Entwicklung einer Zivilisation geht, sind die männlichen Geister primitiver. Die menschliche Zivilisation auf der Erde befindet sich in einer frühen Phase ihrer Existenz. Sowohl männliche als auch weibliche Geister durchlaufen eine kurze, vorübergehende Erfahrung, in der beide ihren Charakter und ihr Verhalten korrigieren müssen.

Frauen sollten vollständige Rechte haben und genauso wie Männer behandelt werden, wenn es um die Verwirklichung ihrer Karriere geht. In zivilisierten Gegenden des Planeten findet dieser Prozess bereits statt. Frauen haben sowohl im Beruf als auch in der

Gesellschaft gleiche Rechte erlangt. Wie auch immer, und egal wie viele Rechte einer Frau anerkannt werden, sie muss immer das Gleichgewicht und die Harmonie bewahren, egal wo sie sich befindet, während der Mann seine Verantwortung wahrnimmt und seine Ziele erreicht.

Die Ziele eines entwickelten Mannes müssen altruistisch, erhebend, großartig und darauf ausgerichtet sein, die Gesellschaft weiterzuentwickeln und voranzubringen. Viele Männer auf der Erde verfolgen jedoch bedauerlicherweise niedrige Ziele von geringer Qualität, weil ihnen sowohl die Ausbildung als auch die Erziehung fehlt, um eine klare Vision ihrer Mission zu haben. Sie begnügen sich mit banalen Zielen, wie reich zu werden und mit so vielen Frauen wie möglich zusammen zu sein, und lassen sich von der materiellen Seite einer zweifelhaften und oberflächlichen Gesellschaft ablenken, die sie von höheren Zielen abhält. Im Alter werden sie dann unglücklich, weil sie ihre Seele und ihren Glauben für wertlose Ideale verkauft haben oder nicht den Mut hatten, sich zu befreien und für ihre Bestrebungen zu kämpfen. Sie haben es vorgezogen, ein gewöhnliches Leben zu führen, für andere Menschen oder Unternehmen zu arbeiten, und fühlen sich deshalb nie wirklich erfüllt oder glücklich.

Männlichkeit im Universum steht für Stärke, Entschlossenheit, Altruismus, Beharrlichkeit und den

Wunsch nach Fortschritt und Erfolg. Wo auch immer du dich jetzt befindest, vergiss nicht, dass dein männlicher Geist diesen Werten entsprechen sollte.

10. Die Beziehung zwischen Mann und Frau

Die Beziehung zwischen Mann und Frau wurde im Laufe der Zeit ausgiebig diskutiert. Doch niemand konnte sie vollständig definieren. Warum? Weil das, was Frauen wirklich wollen, immer ein großes Geheimnis bleiben wird, selbst auf universeller Ebene.

Frauen haben eine komplexe innere Struktur, und die meisten wissen nicht genau, was sie wirklich wollen. Erstens sind sich viele Frauen nicht bewusst, dass sie Frauen sind und welche Rolle sie sowohl auf der Erde als auch im Universum spielen. Während der Mann einfach von Punkt A nach Punkt B denkt, wobei B das Ziel ist, hat die Frau eine komplexere Denkweise, die Dinge vervollständigt und Bedeutung verleiht. Aber am Ende gelangt auch sie von A nach B.

Die verschlungenen Wege des Denkens bei Frauen sind eng mit Emotionen verbunden und sie haben eine erhöhte Fähigkeit, viele Details und Aspekte wahrzunehmen, die den Männern oft entgehen. Aufgrund ihres emotionalen Engagements und ihrer Sorge, keine Details zu übersehen, haben Frauen jedoch einen großen Nachteil: Sie verlieren sich oft auf dem Weg, weil sie durch kleine emotionale Störungen ins Stolpern geraten. Wenn diese kleinen emotionalen Störungen auftreten, verbrauchen sie viel Energie und

Zeit, um sich mit unbedeutenden Details zu befassen, und verlieren dabei das eigentliche Ziel aus den Augen.

Frauen bilden ein gutes Team mit einem Mann, wenn es eine echte Übereinstimmung gibt. In diesem Fall wird sie wissen, was es bedeutet, eine Frau zu sein, und der Mann wird sie dafür respektieren. Wenn die Frau jedoch nur Forderungen stellt, nörgelt und dem Partner keinen Raum lässt, um seine innere Stärke und Männlichkeit auszudrücken, wird die Beziehung von selbst zusammenbrechen.

Einige Frauen haben Taktgefühl, andere jedoch nicht genug Geduld, sie sind weder tiefgründig noch ausgeglichen, wie sie es sein sollten. Sie sind nicht diplomatisch und anstatt ihren persönlichen Charme einzusetzen, beschweren sie sich oder zeigen ihre Unzufriedenheit, egal was der Mann an ihrer Seite tut. Jede Frau sollte wissen, dass sie die Beziehung entweder zur Vollendung führen oder in den Abgrund treiben kann. Der Mann ist bereit, sich an die Situation anzupassen, um sie glücklich zu machen, aber er muss auch die Möglichkeit haben, seine eigenen Ziele zu erreichen.

Nur wenige Frauen haben das Talent, diplomatisch, geschickt, feminin und versiert genug zu sein, um langfristig mit einem Mann zusammenzuarbeiten. Die meisten denken, dass der Mann in einer Beziehung seine Bemühungen darauf konzentrieren wird, sie glücklich zu machen. Männer haben jedoch nicht die Verfügbarkeit, sich ständig darauf zu konzentrieren, eine Frau glücklich zu machen. Sie haben ihre eigenen Pläne und konzentrieren sich auf die Verantwortungen, die sie erfüllen müssen. Sie müssen arbeiten und ihre Kräfte darauf konzentrieren, was sie zu tun haben, und erwarten, dass die Frau sie dabei unterstützt. Es kommt ihnen nicht in den Sinn, den ganzen Tag darüber nachzudenken, was eine Frau will, um glücklich zu sein.

Nachdem sie die Frau erobert haben und in einer Beziehung sind, orientieren sich die Männer wieder an dem, was sie zu erledigen haben. Aus dieser Konstellation heraus wird die Frau unglücklich, weil sie nicht weiß, dass ihre Rolle darin besteht, ihm und der Beziehung Unterstützung und Gleichgewicht zu bieten. Gewöhnt daran, während der Phase des Werbens im Mittelpunkt seiner Aufmerksamkeit zu stehen, fühlt sie sich vernachlässigt, weil sie merkt, dass der Mann aufgehört hat, um ihr persönliches Glück zu kämpfen.

Sobald die Frau ihre Rolle in einer Beziehung versteht, wird das Paar zusammenpassen, wenn sie ihre Aufgabe erfüllt, oder es wird auseinanderfallen, wenn beide ungerechtfertigte Erwartungen an den anderen haben.

Ein Mann betrügt seine Partnerin aus verschiedenen Gründen. Der erste wäre, dass er sich nicht ausreichend als Mann in ihrer Gegenwart fühlt, unglücklich ist und das Gefühl hat, dass sie ihn nicht versteht und ihm nicht genug Unterstützung bietet. In diesem Fall sucht er entweder eine kurzfristige Beziehung oder flüchtet sich in kurzfristige Affären, die ihm bestätigen, dass er männlich und charmant ist und ihm das Gefühl geben, wieder geliebt und bewundert zu werden.

Ein weiterer Grund ist, dass der Mann sich seiner selbst nicht sicher genug ist und das Bedürfnis hat, seine Männlichkeit, Größe und Stärke zu beweisen, indem er andere Frauen erobert, die er als Trophäen ansieht. Der Gedanke, eine Frau zu erobern, weckt in ihm den Wettbewerbsgeist und gibt ihm die Möglichkeit, seinen persönlichen Charme erneut zur Schau zu stellen. Jede neue Eroberung lässt ihn sich wieder als Mann fühlen und er gewinnt das Vertrauen zurück, der charmante, erfolgreiche und durchsetzungsfähige Mann zu sein, der er sein möchte.

Die Beziehung eines Paares kann auch durch die Gesellschaft beeinflusst werden. In der Antike hatten bedeutende Männer ganze Harems. Es gibt immer noch Länder, in denen das Modell „ein Mann mit mehreren Frauen" legal ist, im Gegensatz zu der Beziehung „ein Mann + eine Frau = Familie". Diese verschiedenen Situationen werden je nach den Sitten der jeweiligen Gesellschaft als normal angesehen. Ein Mann und eine Frau, ein verheirateter Mann mit Geliebten, ein Mann mit einem anderen Mann – all diese Kombinationen sind nur Variationen desselben Themas. Am Ende muss der Mann, als männliche Rolle, seine Verpflichtungen und Ziele erfüllen, während eine Frau, ob in einer Beziehung oder allein, immer Gleichgewicht und Harmonie in alles, was sie tut, bringen muss.

Wenn die Frau ihre Rolle sowohl auf dem Planeten als auch im Universum richtig ausüben würde, wären die Gesellschaften und Umgebungen, in denen es eine klare Trennung zwischen männlich und weiblich gibt, viel stabiler. Solange beide Geschlechter sich selbst nicht ausreichend kennen und sich noch im Entwicklungsstadium befinden, wird es noch eine Weile dauern, bis sowohl Frauen als auch Männer sich weiterentwickeln und die Vollendung erreichen, sowohl in Bezug auf sich selbst als auch in ihrer Beziehung zueinander.

Männlichkeit und Weiblichkeit können nur in einem Tandem existieren, in dem ständig versucht wird, die perfekte Ergänzung zu finden. Männlich und weiblich, Plus und Minus, Weiß und Schwarz, Yin und Yang stellen eine Rotation in Verbindung mit einer Pulsation dar, die sich analytisch miteinander verbindet, wobei die Mathematik die universelle Kraft ist, die die Regeln bestimmt.

11. Die Anziehung zwischen einem Mann und einer Frau

Ein Mann und eine Frau ziehen sich an, wenn sie miteinander in Resonanz stehen. Es gibt verschiedene Arten von Anziehung: eine körperliche Anziehung und eine langfristige, die auf Zusammenarbeit beruht. Körperliche Anziehung entsteht, wenn Form und Geometrie sowie andere charakteristische Merkmale wie Geruch, Stimme, Präsenz, Verhalten und Persönlichkeit zwischen zwei Wesen des anderen Geschlechts harmonieren und Momente der Synergie schaffen. Synergie bedeutet eine Übereinstimmung, die durch die Kombination der Merkmale zweier Personen entsteht. Zwei Personen werden also dann voneinander angezogen, wenn Synergie auftritt, d.h. wenn die körperlichen Formen und diese Merkmale zur Übereinstimmung führen.

Ein Mann und eine Frau können sich körperlich, aber nicht intellektuell ergänzen oder umgekehrt, oder sie passen in jeder Hinsicht zusammen, einschließlich emotional. Der emotionale Bereich hängt von der Übertragung von Botschaften und der Harmonie im Paar ab, was zur sogenannten Liebe führt.

Liebe ist eine Emotion, die kurzfristig ausgelöst wird, und aus der Kombination von körperlichen Merkmalen, Wahrnehmungen und Persönlichkeiten entsteht die Anziehung, die das erhabene Gefühl der Resonanz erzeugt. Liebe ist die Glückseligkeit der Übereinstimmung, das Gefühl von Kommunikation, Anziehung und Resonanz. Für zwei Wesen des anderen Geschlechts, die unterschiedliche Interessen haben, kann das Gefühl der Übereinstimmung nur vorübergehend sein oder sich zu einer langfristigen Beziehung entwickeln, die auf Respekt und Zusammenarbeit basiert.

Wenn die Liebe akzeptiert wird, können wir sie als Zuneigung oder Liebe bezeichnen. Liebe entsteht, wenn der Grad der Übereinstimmung erheblich ist und die Beziehung von beiden Seiten reif akzeptiert wird. Es ist eine rationale Liebe, keine flüchtige. Damit sich die Anziehung zwischen zwei Personen des anderen Geschlechts in Liebe verwandeln kann, muss die Beziehung auf Respekt, gemeinsamen Interessen und langfristigen Gewohnheiten beruhen.

Auch Liebe kann mit der Zeit verblassen, wenn die Kommunikation zwischen den beiden Personen aufgrund ihrer unterschiedlichen Entwicklung auseinanderbricht. Es ist nicht gesund, dass ein Paar nur aus Gründen der Vergangenheit, der Kinder oder anderer Verpflichtungen zusammenbleibt, aber es sollte auch nicht beim ersten Hindernis auseinanderfallen. In der Regel entwickeln sich Menschen unterschiedlich, manche mehr, manche weniger, und in unterschiedliche Richtungen, sodass irgendwann Unstimmigkeiten oder sogar Abneigungen entstehen können. Diese Phasen können kurzfristig oder länger andauern, je nach Reife der Beziehung. In den meisten Fällen bleiben Paare eher aus Gewohnheit und Bequemlichkeit zusammen als aus echter Kompatibilität und authentischer Resonanz.

In Bezug auf Anziehung und sexuelle Beziehung sind diese zu Beginn meist leidenschaftlich. Für einen Mann ist eine neue Beziehung sowohl emotional als auch körperlich überwältigend. Er möchte in jeder Hinsicht mit seiner Partnerin in Einklang sein. Beim Liebesakt hat ein Mann die Gelegenheit, tief die feminine Energie seiner Partnerin zu spüren, sie zu verstehen und zu erleben.

Frauen hingegen übertragen beim Liebesakt neben der physischen Handlung auch ein Geflecht von Emotionen, das mit ihrer Persönlichkeit verwoben ist. Der Mann gibt seinerseits sowohl einen Teil seiner Persönlichkeit als auch seiner Gefühle weiter und teilt mit, wie sehr er bereit ist, die Frau zu beschützen, wie sehr er sie mag und was er ihr geben will. Kurz gesagt, wenn ein Mann mit einer Frau, die er liebt, Liebe macht, schenkt er ihr seine seelische Wärme, seine Fürsorge und seine Fähigkeit, sich für ihr Glück zu opfern. Er glaubt, ihr das Beste zu geben, was ein Mann einer Frau bieten kann – nämlich sich selbst. Das gilt in Fällen, in denen zwischen ihnen Liebe besteht. Der sexuelle Akt von Männern, die viele Frauen haben, ist jedoch nur ein

Mittel, um sich selbst ihre Männlichkeit und Kompetenz als Männer zu beweisen.

Auch entwickelte Männer, die im Laufe ihres Lebens viele Frauen wechseln, suchen nicht nur die Freude am Sex, sondern auch die Bestätigung, dass ihre Männlichkeit geschätzt wird. Die Tatsache, dass er als Mann geboren wurde, gibt ihm von Natur aus einen Vorteil und eine Überlegenheit, die er Frauen, die seinem Charme erliegen, bei jeder Gelegenheit demonstrieren möchte. Dies stärkt sein Selbstbewusstsein, indem er sich selbst bestätigt, dass er der Frau durch das Geschenk, das er ihr gemacht hat – die Gelegenheit, einen echten Mann kennenzulernen – einen Gefallen getan hat.

Einige Männer sind Frauenhelden und bleiben es ihr ganzes Leben lang, da sie immer wieder die Bestätigung brauchen, dass sie Männer sind. Andere, auch wenn sie von der Schönheit und Einzigartigkeit der Frauen fasziniert sind, bleiben neugierig und streben nach neuen Abenteuern, wie ein Kind, das immer ein neues Spielzeug will. Wieder andere sind in der Lage, ihr ganzes Leben lang nur eine bemerkenswerte Beziehung zu haben und sich ganz dieser Frau und ihrer Familie zu widmen.

Es gibt Männer, die weder Abenteuer noch Beziehungen mit Frauen haben, weil sie das Pech haben, nicht zu wissen, wie sie sich präsentieren sollen.

Diese neigen dazu, Frauen zu hassen und sie als Heuchlerinnen und Lügnerinnen zu betrachten, die von ihnen profitieren. Oder sie sind schüchtern und unsicher, ängstlich und nicht bereit, einer Beziehung Bedeutung beizumessen.

Es gibt auch Männer, die sich zu anderen Männern hingezogen fühlen, die Empfänger männlicher Energie sind. In diesem Fall fühlen zwei Männer in einer Beziehung, dass sie das ideale Paar bilden, da sich die Anteile an männlicher und weiblicher Energie in ihrer Beziehung harmonisch ergänzen. Dann gibt es noch den Fall des Mannes, der die weibliche Seite erforschen möchte und es interessanter findet, eine Frau zu sein, als ständig gestresst zu sein und von ihm verlangt zu werden, ein starker, mutiger, tapferer und hartnäckiger Mann zu sein.

All diese Situationen führen zu der Erkenntnis, dass die Beziehungen zwischen den beiden Geschlechtern, männlich und weiblich, viele Formen annehmen können, abhängig von der Entwicklung und den Wünschen der Beteiligten. Es gibt viele Kombinationen von männlich und weiblich, aber die authentische bleibt männlich mit weiblich, während der Rest Variationen desselben Themas sind.

12. Die Entwicklung des Mann-Frau-Paares im Laufe der Jahrhunderte

Im Laufe der Jahrhunderte, die auf der Erde vergangen sind, haben sich die Gesellschaft und die Beziehung zwischen Mann und Frau ständig verändert. Zunächst war der Mann nicht in der Lage, für seine Familie zu sorgen. Männer hatten weder Gefühle noch Emotionen, sondern nur rohe Kraft und den Selbsterhaltungstrieb. Es gab kein Konzept der Familie, sondern nur Stammesgruppen, in denen ein oder mehrere Männer mit mehreren Frauen Kinder zeugten. Die Kinder gehörten der Gruppe, und Männer und Frauen waren frei, sich zu vermehren, wann und mit wem sie wollten. Da die Kindersterblichkeit hoch war und die Überlebenschancen sehr gering waren, galt das Prinzip „Der Stärkere überlebt".

In der Antike gab es ein ähnliches Konzept, aber es entstanden auch individuelle Familien. In einigen Kulturen galt das Familienkonzept als ideal, während es in anderen bis heute nicht existiert. In der Antike waren sowohl Männer als auch Frauen frei, es sei denn, die Frauen liefen Gefahr, schwanger zu werden und mit „irgendjemandem" Kinder zu bekommen.

Das Paar Mann und Frau wurde erst im Mittelalter etabliert, als sich die Gesellschaft in einer bestimmten Form entwickelte. Die Familienbeziehung normalisierte sich vor allem aus Gründen des Überlebens, da es einfacher war, nur für eine andere Person und die eigenen Kinder zu sorgen, als für eine erweiterte Gruppe, angesichts der harten Bedingungen jener Zeit. Die Religion griff ein und versuchte, die Gesellschaft zu organisieren und allgemeine Verhaltens- und Benimmregeln durchzusetzen. Danach wurde die sogenannte Familie, bestehend aus einem Mann und einer Frau, über Jahrhunderte hinweg zur Keimzelle der Gesellschaft, bis in den letzten Jahren das Interesse bestand, diese Stabilität allmählich zu untergraben.

Heute liegt der Trend entweder auf Gruppen oder auf der übertriebenen Betonung der Individualität, manchmal falsch verstanden, ergänzt durch die permissive Tendenz, jedem das Recht zu geben, sein Geschlecht so oft zu wechseln wie das Wetter. Jeder Mensch besitzt sowohl weibliche als auch männliche Energie. Selbst die zarteste Frau wird, wenn sie mit einer Situation konfrontiert wird, in der sie sich männlich verhalten muss, dies tun. Das bedeutet jedoch nicht, dass sie sich in einen Mann verwandelt, sondern dass sie männliche Verantwortung übernimmt.

Ähnliches gilt für Männer, deren Sensibilität aufgrund der gesellschaftlichen Anforderungen lange unterdrückt wurde und die nun ermutigt werden, ihre feminine Seite, ihre Zartheit und ihren Sinn für Kunst auszudrücken. All diese Ausdrucksformen haben mehr oder weniger mit dem Geschlecht zu tun, vor allem aber mit der Selbsterkenntnis und der Tiefe der jeweiligen Person.

Ein Mann, der eine Frau sein möchte, ist letztlich nur jemand, der seine feminine Seite schätzt. Am Ende besteht der Unterschied zwischen den Geschlechtern nur in der Art und Weise, wie die Gesellschaft sie festlegt, klassifiziert und erklärt. Sowohl Frauen, die andere Frauen lieben, als auch Männer, die ihr Geschlecht ändern wollen, sind die Folge jahrhundertelanger Unterdrückung und falscher Definitionen. In der letzten Zeit führt die Manipulation der Zivilisation jedoch eher zu einem Rückschritt als zu einem Fortschritt.

Rückschritte treten in Zivilisationen auf, wenn der Hauch des Wandels zu spüren ist, der darauf abzielt, eine schlecht gebaute Gesellschaft zu verdrängen. Dieser Rückschritt geschieht vor Revolutionen, vor großen Sprüngen von einer Phase zur nächsten, wenn sich die Machtverhältnisse plötzlich ändern und diejenigen, die an der Macht sind, spüren, dass sie sie verlieren werden und versuchen, sie um jeden Preis zu behalten.

Im Laufe der Jahrhunderte, von Stämmen über Sammler, Eroberungskriege, Fortschritt und Rückschritt, ist der Weg der Gesellschaft und ihre Ausrichtung willkürlich, mit der Bemerkung, dass es ein klares, festgelegtes Schicksal gibt, ein Ziel, auf das eure Zivilisation letztlich zusteuert – mit Höhen und Tiefen. Jeder Machtanspruch im Streben nach Einfluss ist nur von vorübergehender Natur, denn niemand, an keinem Ort im Universum, kann sich dem Wandel, der Evolution und der Transformation widersetzen. Die Entwicklung der Gesellschaften, die Art der Organisation, die Methode der Kontrolle und die Art und Weise, wie die Beziehung zwischen Mann und Frau existiert, können in den folgenden Darstellungen beschrieben werden.

Der Erste Zyklus der Zivilisationsevolution

Evolution der menschlichen Zivilisation

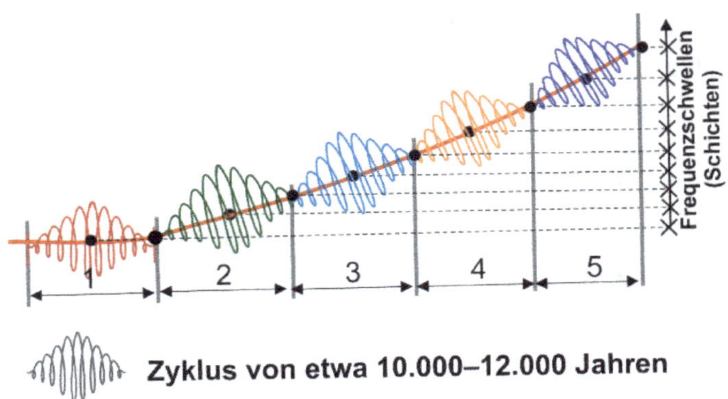

In diesem Zusammenhang ist es unwichtig, wie das weibliche Geschlecht das männliche ergänzt und eine Beziehung zu ihm aufbaut. Was zählt, ist die Entwicklung der Zivilisation im Allgemeinen. So wird sich die Beziehung zwischen Mann und Frau je nach den gesellschaftlichen Entwicklungen verändern. Die Verflechtung der beiden Geschlechter ist zufällig, das Ziel ist jedoch, gemeinsam Mehrwert für zukünftige Generationen zu schaffen.

13. Der Mann – Evolution und Transformation

Der Mann, das Männliche, steht für Stolz, Mut, Fortschritt, Tapferkeit, Verantwortungsbewusstsein und Zielstrebigkeit. Überall im Universum haben männliche Entitäten dieselben Eigenschaften und Merkmale. Das Männliche bedeutet die Kraft der Entwicklung, die Eroberung des Unbekannten, den Mut, unter allen Bedingungen voranzukommen, und die Fähigkeit, neue Möglichkeiten zur Entdeckung und zum Fortschritt zu finden.

Auf der Erde haben Männer eine langsame Entwicklung durchlaufen, vom Höhlenmenschen zum zivilisierten, vielseitigen, intelligenten und effizienten Mann. In der Geschichte des Planeten gab es Jahrhunderte von Kämpfen um Vorherrschaft, die Eroberung neuer Gebiete, Reichtum und Macht. Der wahre Mann hasst körperliche Kämpfe und bevorzugt Verhandlungen und Diplomatie.

Männer sind keine kriegerischen Wesen. Sie lieben den Wettbewerb und sind bereit, für die Vorherrschaft zu kämpfen, aber ihrer Natur nach zieht ein Mann es vor, sein Ziel in Frieden und Harmonie zu erreichen. Nur die Umstände und seine Einmischung in soziale Konflikte, bei denen er gezwungen ist, Gewalt anzuwenden, können ihn dazu bringen, brutal zu handeln, aber nur dann, wenn sein eigenes Ziel und das seiner Gruppe von solcher Art sind. Abgesehen von diesen Situationen wird ein Mann nicht reizbar und kämpferisch, wenn es der Kontext nicht erfordert. Er zieht es vor, sich friedlichen Aktivitäten zu widmen und sich in die Richtung vorzubereiten, die er anstrebt. Ein Mann wird also nur aggressiv und gewalttätig, wenn es die Umstände erfordern; ansonsten bevorzugt er ein Leben in Ruhe, Harmonie und im Kreise seiner Nächsten.

Die Transformation des Mannes im Laufe der Jahrhunderte erfolgte in Etappen. Mit der Stabilisierung und Sicherheit der Gesellschaft entwickelten sich die Männer weiter, indem sie sich ausbildeten, Berufe erlernten – von den einfachsten bis hin zu hochspezialisierten Wissenschaften.

Das Männliche neigt also dazu, sich von rücksichtsloser und brutaler Kraft zu Sanftmut und Intellektualität zu entwickeln, wenn es die Zeiten erlauben. Selbst die Zeiten wurden über Jahrtausende hinweg von Millionen von Männern geprägt, die gekämpft und sich geopfert haben, um Stabilität in eurer Zivilisation zu schaffen. Dass heute noch Kriege geführt werden, liegt nur an rückständigen, gierigen Führern und bestimmten unterentwickelten Interessengruppen. Männer wünschen sich aufrichtig, in Ruhe über den Sinn des Lebens nachdenken zu dürfen, indem sie zum Beispiel einen Fisch fangen oder in Gruppen ein Fußballspiel besuchen.

Kein Mann mag Gewalt, Prügeleien oder Konflikte. Nur wenn es keine andere Option gibt, wird er entsprechend handeln. Ebenso braucht ein Mann, egal wo er ist, neben seiner Arbeit und der Sorge für seine Familie auch Momente der Entspannung, in denen er über das nachdenken kann, was er zu tun hat.

Der Geist des Mannes arbeitet in Wellen. Er nimmt Informationen auf, interagiert mit der Gesellschaft, erfüllt seine Aufgaben im Beruf oder anderen Tätigkeiten, aber er braucht Momente der Stille, um alles zu verarbeiten, was er aufgenommen hat. Das „Verarbeiten" bedeutet, Informationen zu analysieren und die gesammelten Ereignisse zu ordnen, und dieser Prozess findet periodisch, zu bestimmten Zeiten, statt. In der Regel erfolgt nach einer Phase der Ruhe und Reflexion eine Neuanordnung der Informationen im Gehirn, was zu einer neuen Interpretation dessen führt, was als Nächstes zu tun ist.

Das Denken der Frauen ist viel oberflächlicher, aber gleichzeitig verarbeiten sie und analysieren sie Ereignisse im Moment ihres Geschehens. Daher haben Frauen die Fähigkeit, Details wahrzunehmen, die Männern entgehen, da sie nicht in der Lage sind, sie richtig zu verarbeiten. Männer hingegen denken tiefer und verbinden neue Informationen besser mit den bereits bekannten. Sie ziehen keine voreiligen Schlüsse, wie Frauen es oft tun, sondern äußern sich erst, wenn der Analyseprozess abgeschlossen ist.

Man lacht oft über das Denken von Männern, die sich nicht auf zwei Dinge gleichzeitig konzentrieren können wie Frauen. Der Unterschied liegt jedoch darin, dass ein Mann sich anders konzentriert. Er nimmt bewusst wahr, während Frauen lediglich beobachten. Frauen lösen Probleme auf andere Weise als Männer, deren Geist sich einer Aufgabe nach der anderen widmet, anstatt gleichzeitig mehrere zu bewältigen.

Zusammen genommen können das Denken einer Frau und eines Mannes außergewöhnliche Ergebnisse erzielen. Wie dem auch sei, Frauen denken oberflächlicher, aber sie haben eine erweiterte Fähigkeit, verschiedene Situationen zu bewältigen. Männer hingegen analysieren langsamer, aber tiefer und präziser.

Im Laufe der Zeit hat sich der Mann zu einem reinen Intellektuellen entwickelt, im Gegensatz zu seiner primitiven Rolle als Jäger oder Überlebenskämpfer. Die zukünftige Entwicklung der Männer wird darauf abzielen, Lösungen für ein einfacheres, aber auch sichereres Leben zu finden. Die Männer auf der Erde können mit Chirurgen verglichen werden, die herausfinden werden, was in der Entwicklung der Gesellschaft schief läuft, und neue Trends und Lösungen finden, neue Erfindungen machen, neue Horizonte eröffnen, neue Berufe erfinden und die Welt, in der ihr lebt, verfeinern. Auch wenn sie manchmal grob erscheinen, erkennen Männer die Mängel der

Gesellschaft und wissen, wie sie diese verfeinern und die Zivilisation neu ausrichten können.

In Zukunft werden neue Berufe und Trends entstehen, die alle auf das Endziel hinarbeiten: die Schaffung einer idealen Gesellschaft auf der Erde. Unabhängig davon, wie viele Herausforderungen noch zu bewältigen sind – von Horden über wandernde Völker, Länder mit Grenzen, Monarchien, Regierungen, Kommissionen, Totalitarismus, gnadenlosen Kapitalismus – wird die Gesellschaft am Ende, in den kommenden Jahrhunderten, eine ideale Form der Organisation erreichen, in der die Menschen frei, verantwortlich und glücklich sein werden.

14. Wie man ein wahrer Mann wird

Was bedeutet es, ein wahrer Mann zu sein? Es bedeutet, mutig, beharrlich, würdevoll und ausgeglichen zu sein, die Fähigkeit zu haben, den Menschen um dich herum Halt und Sicherheit zu geben. Vertrauen in dich selbst zu haben, in das, was du bist, deine Ziele zu erreichen, Teamgeist zu zeigen, zu wissen, wann du um jeden Preis gewinnen musst und wann es Zeit ist, nachzugeben. Kreativ, aufmerksam und gut vorbereitet zu sein in dem, was du tust. Zu planen, es zu Ende zu bringen, erfinderisch darin zu sein, Lösungen und Ideen zu finden, die dich begeistern, weiterzumachen. Würdevoll und standhaft zu sein und gleichzeitig sanft und höflich, je nach Situation. Immer eine reine Seele zu haben, zu wissen, wer du bist. Deinem Gewissen treu zu bleiben und keine Kompromisse einzugehen, um vorübergehende Vorteile zu erlangen. Stets neugierig zu sein, neue Dinge zu entdecken und zu lernen, dich nicht auf einem Punkt auszuruhen, dich nicht selbst zu täuschen und zu denken, dass du bereits alles weißt. Niemand weiß alles, niemand hat das Ende des Wissens erreicht.

Stolz auf das zu sein, was du repräsentierst, und gleichzeitig demütig im Verhalten, dankbar und ehrlich zu sein für die Gelegenheit, die dir gegeben wurde – die Gelegenheit, auf einem materiellen Planeten zu leben. Immer beharrlich in dem zu sein, was du dir vorgenommen hast, streng und kompromisslos in der Verfolgung deiner Ziele. Stets vielseitig zu sein in den Veränderungen und Transformationen, die um dich herum stattfinden.

Wie kannst du all das erreichen?

Es ist einfach: Sei einfach du selbst, verfeinere dich, lerne, passe dich an! Lasse keinen Tag vergehen, ohne etwas Neues zu lernen! Halte deinen Geist nicht in Ruhe oder beschäftige ihn mit belanglosen Dingen! Erkunde, lerne, bilde dich weiter, bereite dich vor, werde ein Profi in dem, was du tust, und lerne dann von Grund auf in anderen Bereichen, finde neue Interessen! Lerne zu wissen, was du willst, aber auch nachzugeben, wenn es nötig ist!

Sei nicht übermäßig stolz! Jeder Mann sollte stolz sein, denn wer nicht stolz ist, weiß nicht, wer er ist. Aber es gibt einen Unterschied zwischen dem Stolz, zu wissen, wer du bist, und dem falsch verstandenen Stolz und Ego. Das Ego bedeutet, sich mit dem zu identifizieren, was man über sich selbst glaubt, während deine persönliche Meinung nicht mit dem Eindruck übereinstimmt, den andere von dir haben. Das Ego ist der unstillbare Wunsch, um jeden Preis zu beweisen, wie wichtig du bist, und zu zeigen, dass du den Respekt und die Achtung verdienst, die dir die anderen nicht gewillt sind zu geben. Deshalb darf das persönliche Ego nicht nur ein innerer Wunsch oder eine Meinung bleiben, sondern muss sich in deinem Verhalten, deinen Taten und Entscheidungen widerspiegeln.

Menschen werden respektiert für das, was sie tun, für ihre Denkweise und ihr Verhalten. Aus diesem Grund müssen Stolz und Ego mit Taten, Erfolgen, Entscheidungen und einem tadellosen Verhalten verbunden sein, um Respekt zu erlangen.

Ein respektierter Mann ist ein ausgeglichener Mann. Um dein Gleichgewicht zu finden, musst du immer innerlich ruhig sein, nachdenken und dich bei jedem Schritt fragen, ob das, was du zu tun gedenkst, im Einklang mit den Gesetzen des Universums steht und ob dein Handeln und dein Umgang mit anderen korrekt, ethisch und selbstlos sind.

Früher galten mutige, starke und große Kämpfer als wahre Männer. Man verlangte von ihnen, tapfer, hart und unversöhnlich zu sein. Im Laufe der Zeit hat sich die Gesellschaft weiterentwickelt, und der moderne Mann glaubt, er müsse gewieft, intelligent, gut auf Chancen eingestellt, wohlhabend und mächtig sein, damit die Frauen ihm nachlaufen. Diese Phase geht zu Ende. Der Mann der Zukunft wird gebildet, kultiviert, kreativ, kooperativ, selbstlos und um das Wohl anderer besorgt sein müssen. Eure Gesellschaft wird bald in eine neue, unerwartete Richtung evolvieren. Sowohl Frauen als auch Männer werden viel kooperativer sein müssen, mit einem Verhalten und Denken auf einer höheren

Ebene. Auch wenn es noch Interessen gibt und die menschliche Zivilisation immer noch von denen manipuliert wird, die die Macht innehaben, wird der evolutionäre Weg in Richtung Kooperation, Frieden, gegenseitige Hilfe, Verbesserung des Bildungssystems, Sorge um die Natur und die Umwelt und Fürsorge für den Planeten gehen.

Die Ära des „Räuberhelden" in der Entwicklung des Mannes ist vorbei. Finde heraus, wer du tief in deiner Seele bist, spüre den Wandel, der die Erde erfasst. Sei offen für die neuen Herausforderungen, die eure Gesellschaft erfassen werden und die zu einer beispiellosen Zeit voller Liebe, Mitgefühl, Kreativität, Altruismus und Brüderlichkeit führen werden. Sei der Mann, von dem du weißt, dass du es bist, höre auf deine Seele und dein Gewissen, die deine Schritte in Richtung eines neuen Horizonts lenken werden. Vertraue dir selbst, genieße das irdische Erlebnis und hinterlasse deinen Mitmenschen etwas Wunderbares.

15. Die Seele eines Mannes

Die Seele eines Mannes ist wie ein uralter Wald. Du gehst immer weiter, ohne je ans Ende zu gelangen. Die Seele eines Mannes ist geheimnisvoll und faszinierend, tief und weitreichend. Sie ist ernst und majestätisch, wie die Natur in ihrer ganzen Pracht. Die Seele eines Mannes gleicht einer tiefen Höhle, in der man im Laufe des Lebens immer wieder Schätze entdeckt. Sie ist voller Geheimnisse und Neuartigkeit, Großzügigkeit und Güte, das Bestreben, den Menschen um ihn herum Unterstützung und Schutz zu bieten.

Von einem Mann wird erwartet, sensibel und hart, tapfer und mutig, fleißig und standhaft zu sein. Aber nie wurde von ihm verlangt, sanft und gut, ehrlich und ausgeglichen zu sein, so wie die Harmonie und das Gleichgewicht der Natur. Die Seele eines Mannes ist tief wie der Ozean, dessen Windungen noch niemand ergründet hat, sie ist geheimnisvoll und unerforscht, wie die wilden Gebiete, die ihre Einzigartigkeit und Geheimnisse bewahren. Tief in seiner Seele liegt ein Schatz, den nur eine wahre Frau zu finden weiß. In ihrem tiefsten Inneren sind Männer gut, ehrenhaft, harmonisch und friedlich, die Säulen des Gleichgewichts, der Gerechtigkeit und der Fairness.

Sie arbeiten ihr Leben lang hart, um für die Bedürfnisse anderer zu sorgen. Ein Mann wird von den

Menschen um ihn herum oft ausgenutzt, weil er tief in seiner Seele die Pflicht spürt, die Menschen um ihn herum um jeden Preis zu schützen. Auf dieser Tugend beruhen die Kriege der Geschichte und die Zerstückelung eurer Gesellschaft, die ihrer wahren Werte beraubt ist. Dies war möglich, weil Männer in ihrer Seele idealistische Kinder sind, die ständig manipuliert wurden, indem man ihre Größe, ihren Stolz, ihre Männlichkeit und ihr Pflichtbewusstsein ausnutzte, um die persönlichen Rachegelüste verschiedenster Anführer zu befriedigen.

Ein wahrer Mann ist edel und gut, prinzipientreu und gerecht, er will nur seine eigenen Ziele erreichen und trägt von Geburt an das Geschenk in sich, Sicherheit und Schutz für seine Nächsten und sein Volk zu bieten. Seit historischen Zeiten wurden Männer als Mittel zum Zweck eingesetzt, ihre Pflicht und Verantwortung wurde geweckt und sie wurden in Kriegen, Konflikten und harter Arbeit ausgebeutet, für edle Zwecke in Massen geopfert. Das noble Ziel, das stets über das Leben hinausging, wurde zur Pflicht erhoben. Eure Gesellschaft wurde auf den Opfern der Männer aufgebaut, die kämpften, sich verteidigten, sich opferten und über Jahrtausende unermüdlich starben, um das Gleichgewicht, die Sicherheit und das Wohlstand zu gewährleisten. Männer, die wissen, wer sie sind, sind edel, ausgeglichen, gewissenhaft und unermüdlich in ihrem Bestreben, ihrer Familie, ihrem engen Kreis, ihren Teams und im Bedarfsfall ihrem Land das Beste zu geben. Im Wesentlichen sind sie gut und selbstlos, großartig, stolz und mutig, wenn es darum geht, sich aus Pflichtgefühl und Verantwortungsbewusstsein zu opfern.

Auf der Erde haben Gier und das Streben nach Reichtum und Macht Verwüstungen angerichtet, Zivilisationen zerstört, den Planeten ruiniert, die Ressourcen und das Gleichgewicht der Natur geplündert. Dies war möglich, weil ihr es zugelassen habt, dass falsche und unehrliche Führer ohne Adel euch regieren. Rechtschaffene, fleißige und ehrliche Männer, Künstler und Edle, haben nie die Schlüsselfunktionen in euren Gesellschaften eingenommen. In den entscheidenden Positionen sammeln sich seit Jahrhunderten nur die Machtgierigen, die nach Herrschaft streben, getrieben von maßlosem Stolz und unersättlicher Gier. Wie lässt sich sonst erklären, dass auf einem so wundervollen Planeten, voller Wunder, eure Gesellschaften auch nach Tausenden von Jahren keinen Frieden und kein Gleichgewicht gefunden haben?

Gier und das Streben nach Macht und Überlegenheit über andere sind Formen tiefgreifender Disharmonie. Es ist eine Sache, wettbewerbsfähig zu sein und für die Bedürfnisse deiner Gemeinschaft zu sorgen oder an der Spitze einer Nation stehen zu wollen. Aber eine andere, ein Dieb, ein Manipulator, skrupellos und zerstörerisch zu werden, getrieben von dem Verlangen nach Macht, die deine eigene Überlegenheit sichern soll.

Die Seele eines Mannes ist also edel und auf die Erfüllung seiner Pflicht gegenüber anderen ausgerichtet, auf Altruismus, auf Fürsorge und Sicherheit für seine Lieben, selbst um den Preis des höchsten Opfers. Die Seele eines Mannes ist edel. Wenn ein Mann sich ungehörig verhält, rüpelhaft, unzivilisiert, egoistisch und skrupellos ist, liegt das daran, dass er nicht rechtzeitig eine wertvolle Erziehung erhalten hat und in seiner Oberflächlichkeit nicht erkennt, wer er wirklich ist.

Jeder Mann sollte sich, über die täglichen Verpflichtungen hinaus, Zeit nehmen, sich selbst zu entdecken und sich an die wahren Werte anzupassen, ohne seine innere Stärke für kurzfristige, trügerische Vorteile zu verraten. Ein Mann, der seine seelische Noblesse verloren hat, ist ein geschlagener Mann, egal wie viel Reichtum und Macht er angehäuft hat. Ein geschlagener Mann wird gefährlich, weil er sich weder als Mann noch als Mensch wiederfindet, ohne Werte, auf die er sich stützen könnte. Ein wahrer Mann, der geschlagen wurde und seine Noblesse verloren hat, kann sich jederzeit wieder aufraffen, zu seinen ursprünglichen Stärken und Werten zurückkehren, um sich selbst zu finden und den Zustand eines Mannes wiederzuerlangen.

Die Seele eines Mannes ist wie ein uralter Wald oder die Tiefe des Ozeans. Tauche in sie ein, und du wirst dich wiederentdecken, so wie du geschaffen wurdest von der göttlichen Macht, aus der du hervorgegangen bist. Du bist göttlich und wunderbar, verantwortungsvoll und edel. Erinnere dich daran, wer du wirklich bist, und hinterlasse etwas Großartiges, das anderen Freude bereitet. Bleibe wundervoll, gut und edel, so wie du immer gewesen bist.

16. Sensibilität und Emotionen

Ein Mann wird aufgrund seiner Männlichkeit dazu gezwungen, tapfer, furchtlos, mutig, stark und körperlich kräftig zu sein. So wurde es auf der Erde verankert, aufgrund der blutigen Geschichte der primitiven Ära. Was über Jahrhunderte in der Seele eines Mannes vor sich ging, war nicht von großem Interesse. Doch dennoch schrieben Männer Gedichte, komponierten Lieder und wurden Künstler, wenn sie sich verliebten und eine Frau erobern wollten. Oder sie meißelten in Marmor, errichteten Tempel und beeindruckende Bauwerke, erlernten verschiedene Handwerke. Dennoch wurde das Leiden einer Frau, ihre emotionale Zartheit, immer als bedeutender angesehen als die Sensibilität in der Seele eines Mannes.

Warum? Weil Frauen emotionale Wesen sind und es verstehen, ihre Gefühle in der Gesellschaft lebhaft auszudrücken. Es wird angenommen, dass Männer sensibel sein dürfen – bis zu einem Punkt, an dem es ihnen nicht mehr erlaubt ist, das, was sie empfinden, auszudrücken, außer vielleicht, wenn sie Schriftsteller, Sänger oder Künstler sind. Ansonsten würde es als peinlich angesehen, wenn ein Mann in der Öffentlichkeit leidet oder seine Emotionen zeigt. So war es, und so ist es geblieben, dass nur Frauen das Recht haben, Zärtlichkeit und Anmut, Gefühle und Empfindungen offen auszudrücken.

Daher wurde die Sensibilität eines Mannes immer als unangemessen in Bezug auf seine anderen Qualitäten betrachtet. Seine Emotionen mussten durch Selbstbeherrschung und den Willen, als Beispiel für einen Mann in der Gesellschaft zu gelten, zurückgehalten werden. Da dies über Jahrhunderte hinweg so gehandhabt wurde, sind Männer rationaler geworden und stärker auf das fokussiert, was sie wollen, wobei die Emotionen immer an zweiter Stelle standen und Vernunft und Logik an erster Stelle. Ein Mann ist daher fokussierter und rationaler als eine Frau, weil sowohl die Gesellschaft als auch seine eigene Struktur ihn so geformt haben. Da seine Emotionen und Sensibilitäten immer zensiert wurden, mussten sie in seinem Inneren verbleiben, ohne übermäßig zur Schau gestellt zu werden, was ihn über Jahrhunderte hinweg innerlich zermürbte. Jeder Mann ist sensibel und hat Emotionen, doch indem er versucht, sich an das akzeptierte Gesellschaftsbild anzupassen, wird er sich zurückhalten, diese zu zeigen.

Frauen versuchen, ihn zu verstehen und das Geheimnis seiner inneren Welt zu entdecken, und sie verstehen nicht, warum es ihnen nie gelingt, vollständig zu begreifen, wie er fühlt und vibriert. Sie können seine Emotionen und Empfindungen nur anhand seiner Reaktionen und seines Verhaltens erkennen und versuchen dann, seine inneren Empfindungen zu erahnen.

Männer sind also daran gewöhnt, ihre inneren Empfindungen nicht so auszudrücken, wie es Frauen tun, und sind nicht bereit, sich von jedem offenlegen zu lassen. Was sie fühlen, was sie erleben und was sie betrifft, bleibt ihnen selbst vorbehalten, versteckt in einer Schatztruhe voller Zärtlichkeiten und intensiver Empfindungen. Nur Künstler, Maler, Sänger und Schriftsteller geben diesen Emotionen eine Stimme, indem sie sie in der Kunst nach außen tragen, und wenn sie dies tun, bringen sie durch ihre Schöpfungen die Schönheit zum Ausdruck, die sie in ihrer Seele tragen.

Die Sensibilität und die Emotionen eines Mannes gehören ihm, und das wird auch in Zukunft so bleiben, weil diese Art zu sein mit seiner Männlichkeit, seiner Selbstbeherrschung und seiner Größe harmoniert. Seine Emotionen und Gefühle nicht übermäßig zu zeigen, sie zu kontrollieren, ist Teil der Selbstbeherrschung, und Selbstbeherrschung ist Teil der Entwicklung. Eine entwickelte Person, ob Mann oder Frau, lässt sich nicht von ihren Empfindungen leiten, reagiert nicht gedankenlos auf jedes Ereignis, sondern reflektiert und durchdringt mit ihrem Bewusstsein alles, was sie in jedem Moment tut. Selbstbeherrschung bedeutet nicht Unterdrückung, sondern das Überwachen, wie man seine Emotionen handhabt und wie man in einer tadellosen Weise mit anderen umgeht.

In deiner persönlichen Schatztruhe, in der du deine Emotionen und Empfindungen aufbewahrst, wirst du sie in Ruhe ordnen, kategorisieren und neu interpretieren. Sie sind dein Gepäck, dein Schatz an emotionalen Erfahrungen, der dir gehört und der dich tiefer, philosophischer, zu einem vollständigen und komplexen Wesen macht. Emotionen sind wahre Juwelen, doch sie müssen stets unter Kontrolle gehalten werden, ohne dem Momentimpuls zu gestatten, dein Urteilsvermögen zu trüben. Deine Art zu reagieren sollte immer tadellos und von einem perfekten Verhalten geprägt sein.

Daher haben wahre Männer Emotionen, Sensibilität und Empfindungen, doch sie wissen, wie sie diese durch Selbstbeherrschung managen, denn sie sind tiefgründig und innerlich stark geprüft.

17. Der Mann der Zukunft

Der Mann der Zukunft wird eine überraschende Entwicklung durchlaufen und sich vom harten, gefühllosen und rohen Mann der Antike zum vielseitigen Mann wandeln, der über eine große Synthesefähigkeit und eine erhöhte Kreativität verfügt. Auch in seiner Persönlichkeit werden die Männer der Zukunft kooperativ, friedlich und frei von zerstörerischem Stolz sein, der Konflikte verursachen könnte. Der Mann der Zukunft wird nicht mehr gezwungen sein, sich und seine Gemeinschaft physisch zu verteidigen, sondern wird Lösungen finden müssen, erfinderisch, clever und gleichzeitig besonnen sein. Die Männer der Zukunft auf der Erde werden den Frieden, die Zusammenarbeit und die gegenseitige Hilfe aufrechterhalten. Sie werden nicht mehr gierig, kleinlich, stolz und manipulierbar sein, sondern werden in ihren Berufen professionell sein, fortschrittliche Technologien nutzen und intelligent und kultiviert sein.

Auf dem Blauen Planeten wird die Ära der Gier und des Strebens nach Reichtum, die eure Zivilisation über Tausende von Jahren beherrscht hat, zu Ende gehen. Die Menschen werden sich für die Schönheit und Einzigartigkeit des Planeten interessieren, sie werden die Natur, die Ruhe und den Frieden lieben und nicht mehr unzufrieden sein wegen belangloser Dinge wie Automodelle, Häuser, Mode oder Kleidung. Luxus wird als Krankheit angesehen werden, und der Konsumwahn wird wie eine überwundene Pandemie verschwinden.

Werden die Menschen alles haben? Mit Sicherheit, sie werden alles haben, was sie brauchen. Sie hatten schon immer alles Notwendige um sich herum. Nur wurde die Gesellschaft manipuliert, indem man euch verführte, dass ihr das haben müsst, was auch euer Nachbar hat. Euch wurden falsche Modelle eines flüchtigen Glücks serviert, die nur Leid und Schamlosigkeit nach sich zogen, verbunden mit dem Mangel an Wertschätzung für das, was ihr ohnehin habt, allein schon dadurch, dass ihr auf der Erde geboren wurdet. Tausende von Jahren hat die Menschheit sich wie ein Kind entwickelt, das immer ein neues Spielzeug will, es in den Händen halten will, auf Kosten der anderen Kinder. Diese Phase geht zu Ende, und der erste Akt der Geschichte der Zivilisation ist abgeschlossen. Von nun an solltet ihr vielleicht mehr Wert darauf legen, was ihr bereits habt. Ihr sollt eine bessere Welt aufbauen, in der ihr in Frieden, Respekt, Zusammenarbeit und Harmonie leben könnt.

Die Männer der Zukunft, und sogar schon die des gegenwärtigen Zeitalters, werden keine Kämpfer mehr sein, sondern Friedensstifter, Altruisten und Kreative, deren oberste Priorität die Förderung von Frieden und Respekt gegenüber dem Planeten Erde ist. Die Ideale des vergangenen Jahrhunderts, in denen der Schwerpunkt auf Reichtum und Einfluss durch materielle Güter und luxuriöse Bedingungen lag, werden verschwinden. Die Menschheit wird einen neuen Weg einschlagen, einen des Fortschritts und der Entwicklung, der absoluten Freiheit jenseits von Staaten, Regimen, Ländern, Religionen, Sprachen und Bräuchen. Die Menschheit wird sich vereinigen, homogenisieren, und gleichzeitig werden Vielfalt und die Einzigartigkeit der Orte bewahrt. Die Menschen werden offener füreinander sein und bereit, sich gegenseitig zu helfen, unabhängig von Nationalität, geografischer Herkunft, Sprache, Religion und anderen Interessen. Sie werden die Natur lieben und sie schützen und in Frieden und Eintracht leben.

Das neue System, das implementiert wird, wird ein meritokratisches sein, in dem du die Freiheit haben wirst, alles zu tun, was du möchtest, du wirst ein garantiertes Grundeinkommen haben, doch du wirst auch schaffen und so viel Wert wie möglich hinzufügen müssen. Der Trend wird darin bestehen, sich um den Planeten, um deine Mitmenschen, um die Zukunft und Bildung der Kinder zu kümmern und die Regionen zu unterstützen, in denen Menschen noch in prekären Lebensbedingungen leben.

Dies ist das Szenario für den zweiten Zyklus der menschlichen Zivilisation. In der aktuellen Situation müssen die Männer eure Zivilisation in diese Richtung führen. Aber nicht alle, nur diejenigen, die intelligent sind und aus der Geschichte gelernt haben, dass Kriege,

Eroberungen, ökologische Katastrophen und die unglaublichen Kämpfe um Reichtum und Macht nichts weiter tun, als eure Zivilisation zu gefährden.

Als Mann, der diese Veränderungen erleben wird und der mit Plänen für diese Übergangszeit gekommen ist, richte dich nach den neuen Trends von Frieden, Zusammenarbeit und gegenseitiger Hilfe! Sei clever, sei mutig, denn du wirst die schönste Phase der Geschichte miterleben, in der sich die Zeiten und Paradigmen ändern und die Menschheit erfolgreich in die zweite Entwicklungsphase übergeht. Spüre den Ruf in deiner männlichen Seele, erinnere dich daran, warum du jetzt, hier, auf der Erde bist. Nutze deine Intuition und deine Fähigkeiten, um eine bessere, sicherere Welt zu schaffen, in der ihr als Zivilisation in Frieden, Gleichgewicht und Harmonie koexistieren könnt. Dies ist das Ziel des heutigen Mannes, der das bereits festgelegte Zukunftsbild erleben wird.

18. Das Männliche im Universum

Das Männliche im Universum steht für Fortschritt, Entdeckung, Voranschreiten, Kraft, Beharrlichkeit und Mut. Männlich zu sein bedeutet den Wunsch zu siegen, das Streben nach einem Ziel, sei es persönlich oder im Team, dem du angehörst. Ein Ziel zu erreichen bedeutet, Barrieren zu überwinden, voranzukommen in der Entdeckung des Unbekannten, Organisation, Kontrolle und die Gewährleistung von Sicherheit für alle Wesen. Ziele werden durch Erfahrungen erreicht, indem man von dem, was man weiß, zu dem übergeht, was man neu entdeckt und das sowohl für sich selbst als auch für andere von Nutzen ist.

Im Universum gibt es das Männliche und das Weibliche, wobei die männliche Energie für Voranschreiten steht und die weibliche Energie für Gleichgewicht und Ergänzung. Man kann nicht nur voranschreiten, ohne zu organisieren, was man bereits erreicht hat. Man kann nicht weiterbauen, wenn man kein festes Fundament gelegt hat. Deshalb besteht der Fortschritt darin, Ziegelstein für Ziegelstein zu setzen, während die Struktur sich mit dem Fortschritt verändert und neue Methoden zum Bauen und Voranschreiten entdeckt werden.

Im Universum gibt es Wesen mit überwiegend männlicher Energie und Wesen mit überwiegend weiblicher Energie, denn das Universum selbst ist dual in seiner Existenz, erschaffen durch die Kombination der beiden – dem Männlichen und dem Weiblichen. Das Männliche, dargestellt durch Weiß, steht für Voranschreiten, während das Weibliche, dargestellt durch Schwarz, die Grundlage bildet, auf der die Dimensionen erschaffen werden, in denen alles existiert. Im Universum ist alles dual, denn Dualität bedeutet nicht nur den Gegensatz zwischen Gut und Böse, zwischen Weiß und Schwarz, zwischen Plus und Minus, sondern repräsentiert „N" Möglichkeiten und Wahrscheinlichkeiten, durch die sich die beiden ergänzen und Spektren, Galaxien, Planeten, Planetensysteme und Supernovae formen.

Alles ist dual aufgebaut, das heißt, es gibt Kombinationen aus Weiß und Schwarz, wobei Weiß für Rotation und Schwarz für Pulsation steht. Aus ihrer Durchdringung entstehen Schwingungsebenen mit unterschiedlichen Frequenzen, die wiederum Skalen von Milliarden von Nuancen erzeugen, aus denen dann alles zusammengesetzt ist.

Das Universum ist gewaltig und befindet sich in ständiger Entwicklung, und alles existiert dank der Kombination dieser beiden Elemente – des Männlichen und des Weiblichen. Weiblichkeit bedeutet Harmonie, Gleichgewicht, Schönheit und Perfektion, während das Männliche die Kraft des Voranschreitens und der endlosen Entdeckungen symbolisiert. Das Universum ist dual, ebenso wie die Existenz selbst, denn die Kombinationen von Männlichem und Weiblichem haben noch nicht die maximale Anzahl der mathematischen Möglichkeiten und Wahrscheinlichkeiten erreicht, unter denen Informationen existieren können.

Das Universum funktioniert wie ein perfektes Uhrwerk, in dem sich die männliche Energie auf unzählige Weisen mit der weiblichen Energie verbindet, und letztendlich bist auch du daraus hervorgegangen. Du bist eine mathematische Kombination, eine Möglichkeit, die durch das Vermischen von Milliarden und Abermilliarden von Informationsformen entstanden ist, was zur Existenz des Planeten, auf dem du lebst, des Sonnensystems, der Natur, der Pflanzenwelt und der Biosphäre geführt hat, der Meere und Ozeane, die Ökosysteme bilden. All das hat das Leben auf der Erde ermöglicht, die Existenz der menschlichen Spezies, eure planetarische Geschichte und alles, was sich auf den Entwicklungswegen aufgebaut hat, so dass die Möglichkeit entstand, dass du temporär in einer materiellen Welt existieren kannst, in der dir die Chance gegeben wurde, ein flüchtiges Leben zu erfahren.

Du bist ein mathematisches Ergebnis der Milliarden zufälliger Kombinationen von Möglichkeiten und Wahrscheinlichkeiten, aus denen sich die Gelegenheit ergab, dass du einzigartig und besonders geboren wurdest. Du bist eine einzigartige Form der unendlichen Kombinationen, die entstehen können und aus denen du hervorgegangen bist. Sei der Mann, der du verdienst zu sein, unter den Bedingungen, die auf deinem Planeten herrschen! Sei authentisch, du, der die Chance erhalten hat, auf der Erde geboren zu werden, in einer materiellen Welt, die große Transformationen durchläuft und die Teil der Entwicklung der menschlichen Zivilisation sind! Trage zur Entwicklung dieser Zivilisation bei, dränge sie vorwärts. Leiste deinen Beitrag, indem du etwas Nützliches hinterlässt, wofür dir deine Mitmenschen dankbar sein werden. Schaffe, arbeite, bilde dich ständig weiter und vergiss nicht, dass in deiner Seele die schöpferische Kraft leuchtet, die aus der Göttlichkeit des Universums stammt. Du bist ein Vertreter der Schöpfer, der unermüdlichen Sieger, die immer aufbauen und voranschreiten im Streben nach Fortschritt und Erkenntnis. Sei der Mann, der verstanden hat, dass seine Aufgabe, egal wo er sich befindet, darin besteht, Sicherheit, Kraft und Fortschritt zu bieten, aus der bedingungslosen Liebe heraus, die aus dem Universum kommt, das dich erschaffen hat.

19. Wie man eine Frau glücklich macht

Frauen sind so verschieden wie die Sandkörner am Strand, doch sie haben mehrere gemeinsame Eigenschaften. Jede Frau wünscht sich:

- ✓ In einer Beziehung wertgeschätzt zu werden;
- ✓ Sich in einer Beziehung beschützt zu fühlen;
- ✓ Stolz auf ihren Ehemann vor anderen Frauen zu sein;
- ✓ Kleine Aufmerksamkeiten und Überraschungen von dem Mann zu bekommen, den sie gewählt hat;
- ✓ Zu hören, dass sie etwas Besonderes ist;
- ✓ Manchmal in Ruhe gelassen zu werden, und dass ihre Bemühungen anerkannt werden, wenn sie arbeitet;
- ✓ Für ihre Schönheit und Sensibilität bewundert und in der Gesellschaft ausgeführt zu werden;
- ✓ Dass der Mann ihr ein gewisses Lebensniveau und angemessene Lebensbedingungen sichert.

Um eine Frau langfristig glücklich zu machen, musst du sie das Gefühl geben, etwas Besonderes zu sein. Gib ihr, was sie will, wenn sie es will, und behandle sie immer gut, auch wenn sie im Unrecht ist. Sei friedfertig und freundlich, nicht stolz oder rücksichtslos zu ihr.

Ein Mann sollte immer nachgeben, wenn es um eine Frau geht, denn der weibliche Stolz unterscheidet sich vom männlichen Stolz. Wenn eine Frau ihre Position vertritt, ob sie im Recht ist oder nicht, ist es diplomatisch vorteilhafter für dich, ihr Recht zu geben, als selbst Recht zu haben. Bei Frauen musst du immer mit allem rechnen, denn sie reagieren auf alle möglichen Ereignisse und Gefühle, ihre emotionalen Zustände sind wie der Wind. Einmal weht eine sanfte Brise, ein anderes Mal tobt ein Sturm. Sie sind nicht in der Lage, ihre Emotionen durch Selbstkontrolle zu verbergen, wie es Männer können.

Frauen sind also wie das Wetter: An einem klaren Tag weht plötzlich der Wind und ein Sturm zieht auf – oder umgekehrt. Der Verstand eines Mannes ist nicht darauf trainiert, mit den Stimmungsschwankungen einer Frau umzugehen. Er kann nicht herausfinden, und sieht auch keinen Sinn darin, die Gründe zu identifizieren, die ihre plötzlichen Verhaltensänderungen auslösen.

In einer Beziehung wird der Mann, egal wie gut er eine Frau kennt, immer auf ein „X"-Ereignis stoßen, das in ihrem Verhalten eine Reaktion auslöst, die er nicht vorhersehen kann. Das Beste für ihn ist, die Frau in Ruhe zu lassen, bis sie sich beruhigt, denn in der Regel sind Wut und Ungleichgewichte bei Frauen häufig, aber von kurzer Dauer, wie ein Sommerregen. Für dich als Mann ist es also sehr schwer, die Logik hinter den Stimmungsschwankungen einer Frau zu verstehen. Doch nach einigen Jahren des Zusammenlebens wirst du die perfekte Taktik finden, um Konflikte abzuschwächen und herauszufinden, wie du Spannungen am besten entschärfen kannst.

Generell sammeln Frauen in ihrer Zufriedenheit Widersprüche an, die sich irgendwann entladen müssen. Der Moment der Entladung ist nicht vorhersehbar. Daher sollte der Mann immer vorsichtig sein und wissen, wie er sich aus dem Weg räumt, wenn der Zeitpunkt der Entladung kommt. Auch ist es immer ratsam, einer wütenden Frau aus dem Weg zu gehen, anstatt so dumm zu sein, mit ihr zu argumentieren. Es ist besser, mit einem Blumenstrauß oder etwas, das ihr Freude bereitet, zurückzukommen, unabhängig davon, wer im Recht ist, und immer zu ihren Gunsten nachzugeben.

Ein stolzer und ungehobelter Mann, der sich schlecht gegenüber seiner Partnerin verhält, wird von ihr zwar ertragen, aber auch hintergangen und belogen werden. Mit Frauen sollte man weder stolz noch arrogant sein. Du kannst stolz und selbstbewusst bei der Arbeit oder auf dem Schlachtfeld sein, aber gegenüber einer Frau, mit der du eine Beziehung führen möchtest, musst du warmherzig sein und ihr das Gefühl geben, etwas Besonderes zu sein. Mit der Zeit erkennst du, was sie beeindruckt, und vielleicht machst du ihr ab und zu kleine Freuden.

Wenn du eine Frau glücklich machen willst, musst du ihr immer Komplimente machen und dir Mühe geben, die kleinen Veränderungen an ihrem Aussehen und ihrer Aufmachung zu bemerken. In der Gesellschaft solltest du stolz auf sie sein, und sie sollte deinen Stolz spüren, wenn du sie anderen vorstellst. Du kannst also eine Frau auf sehr einfache Weise glücklich machen, solange du sie respektierst und bereit bist, ein wenig Mühe darauf zu verwenden, die Details zu entdecken, die ihr Glück beeinflussen.

Es wird oft gesagt, dass Frauen viel Geld brauchen, um sich zurechtzumachen und zu präsentieren. Im Allgemeinen stellen Frauen die Sicherheit der Familie über ihr eigenes Budget. Eine normale Frau wird also zuerst für das Wohl ihrer Familie sorgen und dann das übrige Geld für sich selbst ausgeben. Frauen wissen in der Regel, wie sie mit einem begrenzten Budget gut aussehen und sich pflegen können, ohne viel Geld auszugeben. Zu sagen, dass eine Frau nur hinter deinem Geld her ist, ist falsch, denn die Prioritäten einer Frau sind immer Sicherheit und Harmonie in der Beziehung, die Familie und die Kinder, erst dann folgt das Vermögen des Mannes und wie viel er bereit ist, für sie auszugeben.

In kurzfristigen Beziehungen wird eine Frau glücklich sein, wenn sie neben der Wertschätzung für ihr Aussehen und ihre Sensibilität in der Gesellschaft eines Mannes ist, der sich gut benimmt und einen Sinn für Humor hat. Sie wird seine Ernsthaftigkeit und den Eindruck, den er als Mann hinterlässt, zu schätzen wissen. Frauen suchen immer nach einem Mann, der für eine langfristige Beziehung geeignet ist. Keine Frau möchte nur für eine Woche mit jemandem ausgehen. Sie stellt sich immer vor, dass sie diesmal vielleicht ihre Seelenverwandten gefunden hat, mit denen sie langfristig glücklich sein wird – im Sinne von Familie und Kindern, von der Übernahme von Verpflichtungen. Während dieser Zeit wird sie den Mann beobachten und prüfen, inwieweit er dem von ihr erdachten Idealbild eines Seelenverwandten entspricht. Diese Prüfung dauert, und in ihrem Kopf wird sie eine Bilanz ziehen, in der sie festhält, was dem Ideal entspricht und was nicht, was sie ändern kann und was nicht. Abhängig vom Ergebnis wird sie die Beziehung fortsetzen oder beenden.

Der Mann wiederum hat immer Angst, von den Fassaden getäuscht zu werden, hinter denen sich eine Frau versteckt. Er beobachtet ständig, wie sie in verschiedenen Situationen reagiert. Männer haben immer Angst, dass das Bild der idealen Frau, das sie sich von der Frau gemacht haben, mit der sie eine Beziehung versuchen, zerbricht, wenn sie sie besser kennenlernen.

Nachdem Männer zunächst vom Aussehen einer Frau angezogen wurden, achten sie in der zweiten Phase auf ihren Charakter, darauf, wie sie mit Situationen umgeht, wie ausgeglichen, warmherzig und ernst sie auf natürliche Weise ist und wie viel Vertrauen er ihr schenken kann.

Daher wird ein Mann in einer Beziehung hart arbeiten, um Geld zu verdienen, um sowohl materielle als auch emotionale Sicherheit zu gewährleisten – vorausgesetzt, die Frau beweist, dass sie ehrlich ist und nicht nur seine seelische Großzügigkeit ausnutzt. Schließlich bevorzugt ein Mann eine weniger schöne, aber ernsthafte und ausgeglichene Frau gegenüber einer jüngeren und atemberaubenden Frau, die ihm kein Gleichgewicht und keine Harmonie in einer langfristigen Beziehung bieten kann.

Männer, die sich ständig von der Schönheit und Neuartigkeit junger Frauen faszinieren lassen, sind immer noch unreif und oberflächlich, weil sie noch ihrem Jagdinstinkt folgen und nicht dem Gefühl einer reifen Person, die Stabilität in einer Beziehung sucht.

Also, um eine Frau glücklich zu machen, gib ihr immer Recht, widersprich ihr nicht, mache ihr kleine Überraschungen, lobe sie, hilf ihr bei den Hausarbeiten, geh aus dem Weg, wenn sie wütend ist, und verdiene Geld, um ihr Sicherheit und die nötigen Mittel für sie und eure Kinder zu bieten. Und wenn du der Beziehung überdrüssig wirst, überlege, ob du bereit bist, all diese Mühen für eine andere Frau zu riskieren, mit der du letztendlich im selben Punkt landest.

Ein Mann sollte nicht mit einer Frau zusammenbleiben, nur weil es eben so gekommen ist. Aber er sollte sich auch keine Illusionen machen, dass er, wenn er sie ersetzt, nicht wieder dort landet, wo er angefangen hat. Einige Paare verstehen sich von Anfang an und bleiben ein Leben lang glücklich, andere trennen sich, weil das Bild, das sie sich voneinander gemacht haben, nicht der Realität entsprach. In einer Beziehung entwickeln sich die Partner unterschiedlich, was zu Diskrepanzen in der Kommunikation und in den Interessen führt, wobei die Regel lautet, dass niemand in einer Beziehung bleiben sollte, nur um der Vergangenheit, der Kinder oder des materiellen Besitzes willen.

Viel Erfolg bei der Suche nach der idealen Partnerin!

20. Die Essenz des Männlichen

Das Männliche zeichnet sich durch Kraft, den Willen zum Erfolg, Ausdauer, die Liebe zur Perfektion und zum Absoluten aus. Perfektion kann als die Gesamtheit aller Möglichkeiten und Wahrscheinlichkeiten definiert werden, aus denen du zu einem bestimmten Zeitpunkt etwas Außergewöhnliches erschaffen kannst. Die Momente der Zeit verändern sich, ebenso wie die Wahrscheinlichkeiten, Möglichkeiten und Chancen, die sich Sekunde für Sekunde wandeln. Wie du es schaffst, alles zusammenzufügen, auszuwählen und etwas Einzigartiges zu realisieren, hängt von deiner Stärke und Vorbereitung ab. Der Mann ist der besondere Architekt, der es versteht, alles so zusammenzusetzen, dass er schließlich etwas Erstaunliches mit den Mitteln vollendet, die ihm zur Verfügung stehen.

Wahre Männer sind hart und sensibel, furchtlos und voller Mitgefühl, ausdauernd und warmherzig, unerschütterlich und gleichzeitig sanft. In der Seele eines Mannes tobt immer ein Kampf, in dem er seine Stärke, Persönlichkeit und Standhaftigkeit unter Beweis stellen möchte, aber auch Mitgefühl für diejenigen zeigen muss, die seine Pläne und Träume nicht verstehen.

Um seine Ziele zu erreichen, weiß er, dass er Opfer bringen muss, und um Erfolg zu haben, kann er nicht jeden um sich herum zufriedenstellen. In dieser Wahl zieht er es vor, sein Ziel zu erreichen, anstatt sich den widersprüchlichen Meinungen zu beugen. Durch diesen Prozess öffnet sich der Mann selbst eine Tür, einen Weg, um seine Vision und sein Ziel zu verwirklichen, in der Hoffnung, dass, sobald er sein Ziel erreicht hat, selbst diejenigen, die ihm widersprochen und sich ihm in den Weg gestellt haben, von seinen Leistungen beeindruckt sein werden.

Wahre Männer sind einsam und verantwortungsbewusst wie die Kommandanten einer Armee, in der diejenigen, die die Verantwortung übernehmen, ihre Untergebenen opfern, um den Sieg der Schlacht zu sichern. Einsamkeit und Verantwortung bedeuten zugleich Freiheit und die Traurigkeit, entschlossen den vorgegebenen Weg zu gehen, unabhängig von den Risiken und den Meinungen anderer. Die Ansichten anderer Menschen sind unbedeutend, solange sie nur Beobachtungen bleiben, die nicht das Gewicht der Verantwortung tragen, das auf den Schultern des Anführers lastet. In dieser Hinsicht wird ein verantwortungsvoller Mann die Entscheidungen treffen, die er für richtig hält, die Verantwortung übernehmen und die Konsequenzen tragen, egal ob sie gut oder schlecht sind.

Im Umgang mit anderen Männern, insbesondere Untergebenen, muss ein Kommandant, unabhängig von der Situation, immer Selbstbeherrschung, Größe, Zuversicht und Fürsorge für die Menschen zeigen, die er führt. Jeder Moment der Schwäche oder des Fehlverhaltens wird ihn seiner Position als Anführer berauben. Die Menschen werden ihm folgen, solange sie das Ziel teilen, und ihm sogar Respekt und Hingabe entgegenbringen.

Die Seele eines Mannes, sowohl des Stärksten als auch des Schwächsten, ist empfindlich und empfänglich für die Schönheit der Perfektion und Einzigartigkeit, denn das Ziel eines Mannes wird immer darin bestehen, Mehrwert zu schaffen, um sich dem Erhabenen und Absoluten zu nähern. Männer sind Idealisten in ihren Bestrebungen und Zielen, und hinter dem härtesten Mann verbirgt sich immer ein Sucher nach Schönheit, Perfektion und den Chancen und Möglichkeiten, aus denen er etwas Außergewöhnliches für andere erschaffen kann.

Männer sind empfänglich für Schönheit, für die Zartheit und Raffinesse von Frauen, für die Tiefe ihrer Emotionen. Die Seele und die Emotionen einer Frau symbolisieren für einen Mann den See, in dem er nach einem langen Tag badet, wenn er erschöpft und müde von den Verantwortungen und Sorgen des Lebens ist. Deshalb wird eine Frau, wenn sie eine wahre Frau ist, wissen, wie sie ihm in einer langfristigen Beziehung bedingungslos Halt geben kann.

Eine Frau, unabhängig von ihrer Persönlichkeit, ihren Zielen und Wünschen in einer Beziehung mit einem Mann, muss seine Stütze sein, wenn er sich erholen möchte, sonst wird die Beziehung nicht überleben, egal wie der Mann oder die Frau beschaffen sind. Der Beistand der Frau muss bedingungslos und aufrichtig sein. Für einen Mann ist seine Partnerin die Stütze seiner Emotionen und Schwächen. Sie ist der Pfeiler, auf den er sich stützt, von dem er die Kraft schöpft, um seine Ziele weiterzuverfolgen und das zu erreichen, was er sich vorgenommen hat. Andere Faktoren, die eine Beziehung funktionieren lassen, gibt es nicht. Es gibt nur das Gleichgewicht zwischen Härte und Zärtlichkeit, zwischen dem, was man gibt, und dem, was man im Gegenzug erhält.

Körperliche Schönheit und andere Motivationen verblassen und verändern sich, nur die Verbindung zwischen zwei Seelen und die Art, wie sie sich ergänzen, unterstützen und vereinen, bleibt wichtig. Männer sind extrem empfindlich und akzeptieren es nicht, wenn ihre Männlichkeit verspottet wird. Männlichkeit ist wie ein verstecktes Juwel, der Charme und die Essenz ihrer Existenz.

Man sagt, dass Männer stolz sind. Manchmal mögen sie übertreiben, aber der Stolz eines Mannes entspringt dem Wunsch, dass seine Größe und seine Einzigartigkeit anerkannt werden, dass er ein wahrer Mann ist, selbst wenn er dies noch nicht bewiesen hat. Männer sind stolz darauf, männlich zu sein, und betrachten sich aufgrund ihrer seelischen Struktur als etwas Besonderes – als die Verkörperung der Männlichkeit selbst.

Männer sind bereit, bis zur Erschöpfung zu arbeiten, um die Anerkennung zu erlangen, die zeigt, wie außergewöhnlich sie sind und wie wichtig ihre Arbeit ist. Sobald ihr Stolz, die Essenz ihrer Männlichkeit und inneren Schönheit, verletzt wird, können manche Männer gewalttätig reagieren, andere werden enttäuscht und fühlen sich missverstanden, andere geben ihr Ziel auf, und wieder andere sammeln sich und beginnen von Neuem.

Was auch immer der Fall sein mag, ihre innere Schönheit kann nur von einem anderen Mann verstanden und geschätzt werden. Frauen verstehen oft nicht, wie wichtig es für einen Mann ist, als Mann respektiert zu werden, wie bedeutend es wäre, seinen Stolz zu ehren, unabhängig von den Umständen. Viele Partnerinnen neigen dazu, ihn zu kontrollieren und auszunutzen, seine innere Adel zu manipulieren und ihn von seinem Ziel abzubringen. Sie handeln so und fragen sich dann, warum er unglücklich wird und nicht mehr so glänzt wie am Tag, an dem sie ihn kennengelernt haben.

In einer langfristigen Beziehung muss die Frau die Strahlkraft der Seele eines Mannes bewahren, die er immer in ihr sucht, um seine Energie aus dem Gleichgewicht und der Ruhe zu ziehen, die sie ihm bedingungslos bieten sollte. Kein Mann wird jemals eine Frau verlassen, die ihn respektiert und seine Größe und innere Schönheit schätzt. Er wird sie nur verlassen, wenn sie nicht mehr fähig ist, ihm den Beistand zu geben, den er braucht.

Die Beziehung zwischen Mann und Frau kann entweder ewig oder flüchtig sein. Die Harmonie zwischen zwei Seelen ergibt sich aus dem Zusammenspiel, das sie in ihrer Beziehung zueinander bilden.

21. Über Kinder

Wenn zwei Seelen unterschiedlichen Geschlechts den Wunsch haben, ein Kind zu zeugen, werden zum Zeitpunkt der Befruchtung die genetischen Informationen der Frau mit denen des Mannes kombiniert und ein neues Modul, der Embryo, wird entstehen, das die körperlichen Merkmale beider übernimmt. Die körperlichen Merkmale des Embryos entstehen durch einen Prozess, der als Verkettung bezeichnet wird, sowie durch eine Auswahl von Informationen – dabei werden bestimmte Datenstränge aus einem Amalgam von Anweisungen extrahiert, die in den Datenbibliotheken der beiden Personen gespeichert sind. Die resultierende Auswahl an Informationen wird an den Embryo weitergegeben. Dieses neue Datenmodul enthält wiederum eigene Anweisungen, die den Entwicklungsprozess steuern. Die Anweisungen im Embryo beginnen dann, sich zu aktivieren und formen ein neues menschliches Wesen, das in einer Umgebung wächst, die seiner Entwicklung förderlich ist.

Um die zwölfeinhalbte Woche, wenn ein optimaler Entwicklungsstand erreicht ist, wird die Seele aus dem Informationsfeld extrahiert und hinzugefügt.

Das Geschlecht des Kindes wird durch die Geschichte der Eltern bestimmt, in Übereinstimmung mit der Anzahl der männlichen/weiblichen Personen, die in den Datenbibliotheken der Vorfahren verzeichnet sind, also all das, was in den letzten etwa zehn Generationen aufgezeichnet wurde, durch die Eltern, Großeltern, Urgroßeltern und Ururgroßeltern des zukünftigen Kindes. Dies umfasst die Anzahl der Mädchen oder Jungen, die von der Mutter, der Großmutter, der Urgroßmutter usw. geboren wurden. Der Prozentsatz der Geburten dieser Geschlechter ist wichtig, um das Gleichgewicht zwischen männlichen und weiblichen Kindern, die auf der Erde geboren werden, aufrechtzuerhalten und zu verhindern, dass mehr Jungen als Mädchen oder umgekehrt geboren werden. Ziel ist es, das Geschlechterverhältnis der geborenen Kinder bei 50 % Frauen und 50 % Männer zu halten.

Das Geschlecht des zukünftigen Kindes wird also durch die Anzahl der Mädchen oder Jungen bestimmt, die zuvor in der Familie jedes Elternteils geboren wurden. Aus diesen Daten wird ein Durchschnittswert ermittelt: Wenn zum Beispiel die Anzahl der Mädchen, die von den Vorfahren beider Eltern geboren wurden, die Anzahl der Jungen übersteigt, wird das kommende Kind männlich sein. Somit wird das Geschlecht des zukünftigen Kindes durch die Geburtsgeschichte der Vorfahren beider Eltern bestimmt.

Die Seele des Kindes wird etwa um die zwölfeinhalbte Woche nach der Entstehung des Moduls eingefügt und wird in der Regel durch die Resonanz der Eltern angezogen.

Was bedeutet es, durch Resonanz angezogen zu werden?

Das bedeutet, dass, wenn das Entwicklungsniveau der Eltern und ihre Bestrebungen im Einklang stehen, sie eine neue, entwickelte Seele anziehen werden. Diese Regel gilt in etwa 85 % der Fälle. Eltern mit einem bestimmten Bewusstseinsgrad werden also für ihr zukünftiges Kind eine neue Seele anziehen, die mit ihrem Entwicklungsstand übereinstimmt. In vielen Fällen funktioniert diese Regel jedoch aufgrund des Chaos auf dem Planeten nicht. In der Regel wird das Entwicklungspotential eines in eine Familie geborenen Kindes durch das Entwicklungsniveau der Eltern bestimmt. Für die Entwicklung eines Kindes ist es entscheidend, wie sehr sich die Eltern um seine Bildung und Erziehung bemühen.

Die Seele, mit der ein Kind geboren wird, ist jedoch immer eine unabhängige Seele, die ihre eigene Persönlichkeit hat, unabhängig davon, wie die Eltern sind. Diese können dem Kind durch Bildung eine geeignete Lebensumgebung und Lernbedingungen bieten, die von ihrem eigenen Vorbereitungsgrad als Eltern abhängen. Das Kind ist also eine neue Seele, die auf die Erde kommt und in eine Familie hineingeboren wird, die sich um seine Entwicklung kümmert. Sein

Wesen, seine Persönlichkeit, die Art, wie es Informationen verarbeitet, und der Plan, den es verwirklichen möchte, gehören dieser neuen Seele an und entsprechen nicht den Bestrebungen der Eltern für ihr Kind. Alles, was die Eltern tun können, ist, dem Kind die richtigen Bedingungen zu bieten und ihm die Freiheit zu geben, seine eigene Karriere und seinen Lebensweg zu wählen.

Ein Kind ist also ein Geschenk und eine Chance für ein Paar, die Erfahrung zu machen, eine andere Seele zu erziehen und großzuziehen. Das Kind ist nicht das Eigentum der Eltern; es muss mit Liebe und Verständnis aufwachsen und braucht die richtigen Bedingungen und die notwendige Bildung, um zu wachsen, sich zu entwickeln und selbst zu einer unabhängigen Seele zu werden, die ihre eigenen Pläne verwirklicht. Menschen haben die Fähigkeit, Kinder zu zeugen, um die Vielfalt zu fördern und Menschen zu erschaffen, die wiederum ihrer Zivilisation Mehrwert verleihen.

Erziehe dein Kind mit bedingungsloser Liebe, lehre es, aber setze es nicht unter Druck; erziehe es ohne Zwang; fördere es beruflich, aber beeinflusse es nicht, Berufsfelder zu wählen, für die es keine Leidenschaft hat. Führe es liebevoll auf den Weg, den es braucht, um die Freiheit zu finden, Entscheidungen zu treffen, die es glücklich und erfüllt machen. Beeinflusse nicht seine Persönlichkeit, zwinge es nicht, sondern bringe es dazu, die Grundregeln des Anstands in einer entwickelten Gesellschaft zu respektieren.

Viel Erfolg bei der Kunst, ein Elternteil zu sein!

Andere Bücher von AMRATRA

Serie: Dualität im Universum:
- **Weiblichkeit** – *Die Authentizität und der innere Charme*
- **Männlichkeit** – *Die innere Stärke und Größe*

Serie: Planetare Evolution:
- **Projekt: DER MENSCH** - *Das Entstehen und die Entwicklung der menschlichen Zivilisation*
- **Verbindung zum Fraktal** - *Die Gesetze und Funktionsprinzipien des Universums*

Serie: Das Bewusstseinsstadium:
- Wohin?
- Die Richtung
- Die Loslösung
- Jetzt
- Das Ziel